SCÈNE

Scène
Dialogue sur le dialogue
by Philippe Lacoue-Labarthe and Jean-Luc Nancy

무대

— 대화에 대한 대화

필립 라쿠-라바르트   조만수 옮김   **문학과지성사**
장-뤽 낭시

옮긴이 조만수

서울대학교 불어불문학과를 졸업하고 같은 과 대학원에서 라신의 비극성에 관한 논문으로 석사학위를 받았으며, 프랑스 낭시 대학에서 토마 코르네유의 극작법에 관한 논문으로 박사학위를 받았다. 현재 충북대학교 프랑스언어문화학과 교수로 재직 중이다.

『동시대 연출가론 1』『세계고전 오디세이 1』등의 책을 공저했으며, 주요 논문으로 「베케트 희곡의 새로운 해석: 들뢰즈와 바디우를 통하여」「프랑스에서의 드라마투르기 개념」등이 있다.

채석장

무대

— 대화에 대한 대화

제1판 제1쇄 2020년 10월 28일
제1판 제2쇄 2023년 10월 20일

지은이 필립 라쿠-라바르트, 장-뤽 낭시
옮긴이 조만수
펴낸이 이광호
주간 이근혜
편집 최대연 김현주
펴낸곳 (주)문학과지성사
등록번호 제1993-000098호
주소 04034 서울 마포구 잔다리로7길 18(서교동 377-20)
전화 02)338-7224
팩스 02)323-4180(편집) 02)338-7221(영업)
전자우편 moonji@moonji.com
홈페이지 www.moonji.com
ISBN 978-89-320-3783-7 03160

이 도서의 국립중앙도서관 출판예정도서목록(CIP)은 서지정보유통지원시스템 홈페이지(http://seoji.nl.go.kr)와 국가자료공동목록시스템(http://www.nl.go.kr/kolisnet)에서 이용하실 수 있습니다. (CIP제어번호: CIP2020042508)

차례

9   무대

81   대화에 대한 대화

132   옮긴이의 글

일러두기

1   본문의 각주는 대부분 옮긴이가 단 것이며, 원서에 있는 주석인
    경우에는 앞쪽에 '(원주)'로 표시했다.
2   단행본, 정기간행물은 『 』로, 논문은 「 」로 구분했으며,
    희곡, 오페라, 연극 등의 작품은 〈 〉로 표시했다.

두 개의 대화가 처음으로 함께 출판되었다. 두 대화는 서로 긴 시간 간격을 두고 이루어졌지만, 그 목표는 언제나 두 대화 상대자 사이에서 새롭게 토론을 시작하는 것이었다. 하지만 이 토론은 필립 라쿠-라바르트의 죽음으로 중단되었다.

각 글의 서두에는 첫 출판 서지를 명기했다. 첫 출판본과 대조하여 원문을 확정하는 작업은 지네트 미쇼Ginette Michaud에게 빚지고 있다.

장-뤽 낭시

무대

(원주) 이 편지들은 *Nouvelle Revue de Psychanalyse*, Paris: Gallimard, no. 46, automne 1992, "La scène primitive et quelques autres," pp. 73~98에 최초로 게재되었다.

친애하는 필립,

'무대'에 대한 논의에 우리가 함께 참여해달라는 요청을 받고서는, 이 기회에 다시 한 번 자네와 논쟁을 해보고 싶었네. 예전에 여러 차례 논쟁을 한 적이 있지만 벌써 오래된 일이지. 나는 우리의 논쟁 주제를 그리스어로 옵시스*opsis*라고 요약했네. 이 단어는 아리스토텔레스Aristoteles에게서는, 우리가 현재 "무대화"*라고 부르는 바와 어느 정도 비슷한 것을 지시하고 있어. ("어느 정도"라고 말한 것은 이미 여기에 번역의 문제가, 즉 의미와 쟁점의 문제가 있다는 거지. 어떤 사람들은 "스펙타클spectacle"이라 번역하기도 하네. 이 점에 대해서는 뒤에 다시 이야기하도록 하세.)

옵시스는 비극의 여섯 가지 구성요소 중의 하나로서, 『시학*Poétique*』(50 a)에 따르면 "모든 요소를 포괄," 다시 말해 다른 다섯 가지 요소를 포괄한다고 되어 있네. 이 구절은 해석하기가 까다로운데, 간단히 말해 스펙타클이 있으면 이야기와 텍스트 등 다른 구성요소들도 있는 것이다, 라고 해

---

*   미장센mise en scène. 이 책에서는 주로 무대 위에서 시각적으로
      드러내지는 것을 의미하는 '무대화'라고 번역했지만, 때로는 좀 더
      일상적 표현인 '연출' 또는 '미장센'으로 번역하기도 했다.

석할 수도 있지(로즐린 뒤퐁-록Roselyne Dupont-Roc과 장 랄로 Jean Lallot의 주석 참고. 이제부터 이 판본을 간략하게 *P*자로 표시하겠네). 조금 뒤에 아리스토텔레스는 각 구성요소들의 특성을 자세히 설명하는데, 옵시스에 대해서는 한편으로는 매혹적인 요소("psychagogique," 50 b 17)이지만 다른 한편 으로는 예술과 관련 없는 요소*atekhnotaton*이며, 시학 속에 자 리를 전혀 차지할 수 없는 요소라고 천명하고 있네. 이를 테 크네*tekhné*라고 한다면, 그것은 무대 소도구*skeuopoios* 등을 만 드는 기술자의 기교이지, **시인의 예술**poiétès이 아니라는 것이 지. 바로 그렇기 때문에 "비극은 공연이나 배우들 없이도 그 목적 자체를 실현할 수 있다"(50 b 18)고 했지. 그렇다면 결 국 비극의 모든 효과는 독서만으로도 실현 가능한 것이 되지. (독서를 한다는 것은 고대 그리스인에게는 소리 높여 낭송하 는 것을 의미하는 것이네. 이 점에서 우리 현대인의 조용한 독서와는 다르다는 점을 자네에게 상기시키고자 하네.)

『시학』의 그다음 구절들 속에서, 옵시스는 때로는 중요 한 것으로 강조되고 때로는 여기에서와 같이 폄하되기도 하 지. 세부적인 구절들은 아마도 후에 우리가 다시 살펴볼 수 있을 거야. 지금은 자네에게 다음과 같은 것들을 질문해보고 싶군.

1) 우리 논쟁에서 나는 항상 무대화를 선호했고, 자네는 "오

직 독서만"을 옹호했지. 하지만 우리는 선호의 이유나 동기를 분명히 밝힌 적이 없고, 이와 관련된 쟁점들을 끝까지 분석해본 적도 없어. 게다가 역설적이게도, '연출'* 작업에 관여하곤 한 것은 자네였고 반대로 나는 연극에서 스펙타클한 부분에는 그리 흥미를 갖지 않았지(자네도 알다시피, 무대 위에서 나는 배우 쪽에 관심이 있었어. 굳이 되고 싶었다면 난 배우**가 되고 싶었던 것 같네). 이런 것에 대한 설명을 찾기 전에, 우선 나는 자네가 여전히 같은 입장을 견지하고 있는지, 그리고 그렇다면 그 논지는 무엇인지를 묻고 싶군.

2) 옵시스의 문제 혹은 '무대scène'의 문제는 자네나 내가 모두 관심을 쏟는 '형상figure'이라는 보다 일반적인 문제와 분명히 연결되어 있네. 그리고 이 문제는 자네의 경우는 자네가 "존재유형학onto-typologie"이라 부르는 것에 대한 의심, 다시 말해서 존재 그리고/혹은 진리를 현시하기 위해서 형상적

---

* 라쿠-라바르트Philippe Lacoue-Labarthe는 미셸 도이치Michel Deutsch가 연출한 소포클레스Sophocles 작, 횔덜린Friedrich Hölderlin 번역의 〈안티고네〉(1978), 에우리피데스Euripides의 〈페니키아의 여인들〉(1980)에 번역 및 드라마투르그로 참여했다. 또한 1998년 아비뇽 페스티벌에서는 장-루이 마르티넬리Jean-Louis Martinelli가 연출한 소포클레스 작, 횔덜린 번역의 〈오이디푸스 왕〉에 프랑스어 번역 및 드라마투르그로 참여했다.

** 장-뤽 낭시Jean-Luc Nancy는 자신의 저작을 기초로 만든 클레르 드니Claire Denis 감독의 〈개입자L'intru〉(2004)에 배우로 출연한 바 있다.

이고 허구적인 것을 지정하는 데 대한 의심과 관계되지. 사실 내가 공동-내-존재être-en-commun에 대한 현재의 사유에 결정적인 사건 혹은 요소로서, "신화의 단절"*을 말했던 것은 바로 이러한 형상 문제의 연장선에서였네. 그런데 내가 보기에는 옵시스에 대한 우리의 이견이 바로 여기에서 다시 드러나는 것 같군. 거칠게 말한다면, 자네는 항상 '형상'의 소멸 쪽을 지향했지. (자네는 여전히 의도적으로 "탈-형상화"라고 말하겠지. 게다가 「해야만 한다Il faut」**라는 글에서 자네는 형상의 '결여'가 마치 형상을 넘어서는 것처럼 주장했어.) 반대로 나는 항상 형상화를 요구하는 방향으로 이끌렸던 것 같아. 왜냐하면 신화의 '단절'은 내게는 단순한 중단이 아니라 잘라내면서 또 다른 발화 행위의 자리를 그려주는 절단의 움직임처럼 보였기 때문이네.

아마도, 논쟁의 단초는 여기에 있는 것 같군. '형상'을 그 무엇보다 (재)현시로 생각하는 입장과 '형상'을 그 무엇보다 발화의 공간으로서 그리고 발화하는 현전(그러므로 목소리와 분리되지 않는)으로서 생각하는 입장 사이에 말이네.

---

*　　　낭시는 『무위의 공동체』(1986)의 한 챕터를 '신화의 단절'에 할애했다.

**　　(원주) 1991년 튀빙겐에서 열린 컨퍼런스에서 발표되었다 (Philippe Lacoue-Labarthe, *Heidegger. Une politique du poème*, Paris: Galilée, 2002에 재수록).

극단적으로 압축한다면 다음과 같이 말할 수도 있겠지. 동일성identité의 윤곽선 대 자기성ipséité의 열림. 그러므로 거의 같은 것이지만, 분명 줄일 수 없는 간격이 존재하고 있지.

그렇다면 '무대'란 무엇인가? 항상 형상들을 위한 장소인가? 형상은 무대 위에만 존재하는가? 무대 위에서는 형상의 두 가지 양태로부터 무엇이 생겨나는가? ('형상'이 적절한 단어일까? 그것은 또 다른 차원의 문제이지. 그리고 이미지에 대해서도, 자네와 내가 그 이미지와 맺고 있는 서로 다른 관계와 도식들—이것은 좀더 나중에 다루게 될 테지만—에 대해서도 말해야 할 것 같군.)

아니면, 무대의 두 가지 양태에 대해 생각해야 할까? 이와 같은 이원성으로부터 무대—연극 무대, 정치 무대, 심리 분석 무대—의 문제에 접근해야 하는 것일까?

친애하는 장-뤽,

그럼 토론을 다시 시작해보세. 좋은 생각이야. 그런다고 우리
가 젊어지는 것은 아니지만 말이야. 우리가 했던 토론은 벌써
20여 년 전, 1970년에서 1972년 사이의 일이었던 것 같군. 적
어도 내 기억 속에서, 그 토론은 단지 연극에만 국한된 것이
아니라 오페라와도 관련되었던 것 같아. 그 시절 우리는 엄청
난 오페라 '소비자'였지(우리는 끝도 없이 오페라를 들었어).
내가 보았던 모든 '연출'에 실망하여—거기에는 1969년 바
이로이트에서 빌란트 바그너Wieland Wagner가 연출한 〈트리
스탄Tristan〉〈니벨룽의 반지la Tétralogie〉〈파르시팔Parsifal〉도
포함되지, 비록 몇몇 잊을 수 없는 '순간들'이 있었지만 말이
야—난 그 후 차라리 '오라토리오oratorio 형식'*이나 '콘서트
버전'이 더 낫다고 주장해왔네. 순수하게 극적인 힘은 목소리
들 사이의 갈등agôn에 응축되어 있었다고 나는 생각한 거지.
또 우리가 가수들을 보는 것만으로도, 다시 말해서 기술적인
(음악적인) 제약을 지닌 공연spectacle을 관람하는 것만으로
도, 재현—아리스토텔레스적인 의미에서의 **모방**mimèsis—

---

*　　오라토리오는 오페라와 달리 극적 형식을 갖지만 인물들 간에 극
　　행위를 주고받지는 않는다. 극 진행은 화자가 담당한다.

은 완벽하다고 생각했어. 노래가 요구하는 불균형한 표현들, 때로는 쓰디쓴, 때로는 감미로운 이러저러한 가사들 사이에서 간혹 매우 격렬하게 나타나는 비틀림—이건 모순된 것과는 달라—보다 더 감동적인 것은 당시 내게 없었지. 지금도 이보다 더 감동적인 것은 없다네. 가장 감미로운 사랑의 말을 하면서 얼굴과 입은 찡그린다든지, 반대로 증오를 표출할 때 그 절정에서 목소리에 돌연 감정이 없어지고 얼굴은 너무도 갑작스럽게 아무렇지도 않은 태연함을 보이면, 나는 그런 것에 눈물을 흘릴 만큼 감동을 받았지. 그 외의 것들—배우 겸 가수의 종종 민망하고도 우스꽝스러운 '연기'는 말할 것도 없고 무대장식, 의상, 심지어 조명—은 내겐 **장식적인 것**으로 여겨졌네. 그런데 연극에 직접 참여하게 되면서, 그리고 그 일을 통해 의미의 발화—관객 앞에서 증폭되고 강제된 발화—가 요구하는 **작업**(아주 성급히 말한다면 육체적이라 할 수 있는 작업)에 점점 더 주의를 쏟으면서 똑같은 느낌을 다시 받게 되었어. 그래서 '무대화'가 결정되는 것은 바로 이 순간이구나, 라고 생각하기에 이르렀지. 하지만 이 용어에 대해서는 후에 다시 이야기하세.

　　그러니까 자네는 나의 이와 같이 (막연한) 직관에 반대하여 옵시스를 옹호하고 있는데, 자네가 편지에서 밝힌 대로라면, 개념은 아니더라도 단어 자체는 아리스토텔레스의 『시학』에서 취해 온 것이야. 자네는 이것이 "아리스토텔레스에

17

게서는 우리가 현재 '무대화'라고 부르는 바와 어느 정도 비슷한 것"이라고 말했어. 그러고는 괄호 속에 다음과 같이 덧붙였지. "('어느 정도'라고 말한 것은 이미 여기에 번역의 문제가, 즉 의미와 쟁점의 문제가 있다는 거지. 어떤 사람들은 '스펙타클'이라 번역하기도 하네. 이 점에 대해서는 뒤에 다시 이야기하도록 하세)." 그래서 난 『시학』을 다시 읽어보았네. 그리고 너무도 당혹스러워서 한참을 가만히 있었다고 고백하지 않을 수 없군.

『시학』에 대한 주석을 달기 시작하거나, 뒤퐁-록과 랄로 판본의 세밀하고도 명확한 주석들 하나하나에 또 다른 주석을 덧붙이려는 것은 아니네. 나는 단지 여기저기 연속성 없이 몇 가지 메모를 하는 것으로 만족하려고 하네.

가장 먼저 말하고 싶은 것은 '무대화'라는 것이, 내가 보기에는 적어도 오늘날 우리가 사용하는 바의 의미에서는, 옵시스의 번역어가 될 수 없다는 거야. 자네가 인용하고 있는 『시학』 6장의 구절(50 a~b)에서 옵시스는 분명 '스펙타클' 이상의 것을, 다시 말해서 단지 본다는 사태, 혹은 보여지는 어떤 것 이상을 말하지 않는다는 거지(게다가 이 두번째 뉘앙스는 비극 용어 속에서는 널리 입증되었지). 가장 일반적인 의미에서 이 단어는 '재현'을 뜻하는 것이지. 우리가 연극에서 보는 바로 그것 말일세. 비극이 극 장르에 속하는 것이기에 재현은 필연적으로 비극의 정의 속에 포함되지. 그리고 그런 의미에서 재현이 "모든 요소를 포괄"하는 것, 다시 말해서 이야기, 인물, 표현, 사유, 노래와 같은 아리스토텔레스가 말한 비극의 다른 다섯 가지 구성요소들을 포괄하는 것은 당연한 일이야. 그런데 다른 한편으로는 비극의 목표 자체, 비극의 진정한 텔로스*telos*는 공포와 연민을 통한 카타르시스*katharsis*이기에, 그리고 오직 독서(물론 소리 높여 읽는 것이 중요하지)만으로 충분하기 때문에, 재현은—전적으로 아리스토텔레스적인, 시학적인 관점에서—필수는 아니야. 바로 이것이 아리스토텔레스가 가장 명료한 방식으로, 그리고 가장 일관된 방식으로 말한 바일세.

"가장 큰 현혹의 힘을 지닌 스펙타클에 대해서 말한다면, 스펙타클은 예술과 완전히 이질적인 것이며 시학과는 전혀 관계없는 것이다. 바로 그렇기 때문에 비극은 심지어 경연대회 없이도, 배우 없이도 그 목적을 실현하는 것이다." 그리고 역시 같은 맥락에서 아리스토텔레스는 곧바로 이렇게 덧붙였지. "게다가 스펙타클을 완성*apergasia*하기 위해서는 시인의 기교보다는 소도구 제작자의 기교가 더 결정적이다." 이는 '무대장치와 의상'에 관한 항목에서 더욱 분명하게 나타나지. 다른 예들도 있네. 예를 들어 4장에서는, 소포클레스가 세번째 배우와 그림이 그려진 무대장치를 도입했다(49 a)고 환기하고 있지. 이 모든 것은 아리스토텔레스가 스펙타클의 조직 혹은 구성*ho tès opseôs kosmos*이라 부른 바와 관련되는 것이네. 그리고 이것은, 내가 보기에는, 18장의 한 구절이 천명하는 바이기도 한데, 그 속에서 아리스토텔레스는 네 가지 유형의 비극(복합 비극, "극적 반전과 식별로만 구성된" 비극, 성격 비극, 강렬한 효과를 사용하는 비극)을 구분하면서 옵시스라는 단어를 네번째 유형, "예를 들어 〈포르키테스Phorcides〉〈프로메테우스Prométhée〉 같은 작품들, 그리고 지옥인 하데스에서 전개되는 모든 작품들"(56 b 32 sq.)을 지칭하기 위해 사용했다네. 다시 말하면, '거대한 스펙타클'을 사용하거나 '특수효과'를 사용하는 비극 말이네.

나는 '스펙타클'과 '무대화'라는 단어를 엄격하게 구분해서 사용해야 한다고 생각하네. 최근의 연극사에서 알 수 있듯이, 연극은 스펙타클이 아니며, 시선을 끄는 화려한 구경거리는 더욱 아니지. 특히 지난 10년 동안은 영화와의 경쟁이 엄청나게 심화되어 (무대 이미지, 조명, 환영 혹은 '실제와 같은 효과'의 측면에서) 놀라운 공연들을 볼 수 있었지만, 그럼에도 불구하고 그런 공연에서 무대화가 최소한의 윤곽이나마 나타나는 것도 볼 수 없었어. 이러한 종류의 '연극'이 얼마나 지겨운지 자네야말로 잘 알고 있지 않은가. 화려한 볼거리의 놀라움이 한번 지나가면(문자 그대로 "눈에 가득 차다plein la vue"라는 표현이 놀라다를 의미하듯이), 이따금 관객의 흥미를 다시 일으키기 위해 몇 차례 '충격'을 주기는 하지만, 그럼에도 사람들이 남아 있는 것은 **분명히 눈앞**에 있지만 무엇을 해야 하는지를 알지 못하는 배우 때문에 들리지 않았던 텍스트를 듣기 위해서지. 그건 정말 죽을 노릇이었어(자네는 늘 극이 끝나기 전에 가버렸지…). 그런데 내가 이토록 스펙타클과 무대화를 구분 짓고 싶어 하는 것은, 내가 보기에는―아마도 틀릴 수도 있는데, 그건 따져봐야겠지만―바로 이러한 구분에 의해서 아리스토텔레스가 모순적인 말을 하는 그 문제의 구절이 해결되기 때문이네. 자네도 언급하고 있듯이, 아리스토텔레스는 자기의 논지를 전개시키기 위해 편할 대로 때로는 옵시스에 가치를 부여하고, 또 때로는 옵시스의 가치를 평가절하하기도 하는 것 같아. 분명히 『시학』이라는 텍스트는 아주 명확하지는 않아. 그럼에도 불구하고 나는 여기에 모순이 있다든지, 일관성이 없다든지 혹은 심지어 사람들이 흔히 말하듯이 '오락가락한다'고 생각하지 않네. 가능한 간략하게 설명해보겠네.

아리스토텔레스가, 내가 화려한 볼거리라고 부르는 것―편의상 그렇게 부르지만, 그렇다고 그것이 너무 과한 것도 아닌―을 좋아하지 않았다는 것은 잘 알려진 바이지. 가장 적합한 예가 26장인데, 여기서 아리스토텔레스는 "과장하는" 배우들(나아가 가수들, 악사들, 서사시인들)을 아주 혹독하게 비난했어. 왜냐하면 그들은 우리가 흔히 말하듯이, '과도하게 연기'하기 때문이지. 화려한 볼거리가 잉여라는 점은 분명하네. 아리스토텔레스는 이를 "기호들의 과잉" 혹은 고어적인 의미로 "판토마임"이라고 불렀어. 하지만 이러한 비난은 일반적으로 '움직임'에 대한 비난(텍스트를 '행동'하게 만든다는 의미로)이 아니며, '육체적인 형상화la skhèmata'에 의거하고 있다는 것에 대한 비난도 아니네. 그것은 음악에 대한 비난도 아니며 또한 옵시스—이 단어가 또 나오는군—에 대한 비난도 아니야. 비극은 "서사시가 가진 모든 것을 가지고 있으며, […] 그와 더불어 소홀히 할 수 없는 요소들을 더 가지고 있는데, 스펙타클에 속하는 것과 음악이 그것이다. 바로 이로부터 가장 생생한 기쁨이 생겨난다"(62 a 14~16)라고 아리스토텔레스는 말하고 있어. 또한 "비극은 독서할 때 그리고 무대에서 모두 생생한 힘to enarges을 갖는다"라고 덧붙이고 있지. 뒤퐁-록과 랄로가 "무대에서"라고 옮긴 것은 그리스어 에피 톤 에르곤epi tôn ergôn인데, 주석에서는 좀더 원어에 충실하게 "행위화mise en acte"라고 다시 번역했더군. 바로 이것이 우리가 이해하는 바 그대로의 무대화, 다시 말해서 행위의 '재현'(미메시스), 하나의 극적 형식의 현동화인 것이네. 물론 스펙타클과 관계되는 것이지. 하지만 여기서 본질적인 것은 놀이야. 그런데 이 놀이라고 하는 것이 텍스트를 행동하게 하는 것이라면—그리고 아리스토텔레스에게 비극 텍스트란 무엇보다도 의미와 관계되는 것이라면—재현 혹은 무대화ta theatra(4장, 49 a 8 참조)에서 결정적으로 중요한 것은 발화하는 것, 큰 소리로 말하는 것이며, 다른 모든 것은 그에 종속되는 것이지. 다른 모든 것이란 행위화를 시각적으로 지원하는 것들, 즉 움직임, 동선, 몸짓, 육체적 표현 그리고 부차적으로는 소도구들이지(내가 음악을 잊고 거론하지 않은 것은 아니야. 하지만 음악은 차라리 합창단인 오케스트라와 관련되는 것이기 때문에, 조금 다른 문제를 제기하지). 아리스토텔레스는 무대화를 비난하지도, 그 가치를 폄하하지도 않았어. 그가 말하고자 한 것은 예술에 있어서 절제sobriété의 원칙이야. 나는 횔덜린이 쓰고, 브레히트Bertolt Brecht를 거쳐 온 절제라는 단어를 일부러 다시 사용하고 있네.

내 생각에 이것은 다음과 같은 두 가지를 설명해준다네. 첫째는, 테크네이건 포이에시스poièsis이건 간에, 예술에 대한 아리스토텔레스의 입장을 설명하고 있다는 것이지. 『시학』의 기초를 관통하는 질문은 다음과 같아. 비극에서, 극예술에서 무엇이 예술에 속하며, 무엇이 예술에 속하지 않는가? 그리고 이 점에서 대답은, 내가 보기에 자명한 것 같네. 예술에 속하는 것은 절제된 무대화이지. 물론 17장에서, 아리스토텔레스는 구성에 대해 입장을 취하면서, 〔비극 작가는〕 "무대를 눈에 최대한 잘 보이게 해야 한다"—혹은 보다 문자 그대로 말하면 (사물들을) 눈앞에pro ommatôn 놓아야 한다—라고 말한 것이 분명 사실이네. 심지어 조금 뒤(55 a 32)에는 작가는 몸짓tois skhèmasin을 사용하여 가능한 만큼 다듬어야 한다고 덧붙였지. 뒤퐁-록과 랄로가 긴 주석을 통해서 정확하게

분석했듯이(*P*, pp. 281~84), 우리는『시학』에서 어휘, 표현과 관련된 구문들 내내 나오는 이 **스케마**skhèma라는 용어 속에 **형상**figure의 언어적(수사학적) 의미와 육체적(웅변적) 의미가 모두 응축되어 있음을 알 수 있어. 몸짓이면서 말인 것이지. (17장의 첫 문단을 꼼꼼히 읽어야 하네. 이 문단은 내가 위에서 환기한 절제의 원칙과는 반대되는 말을 하는 것처럼 보일 수 있지만 그렇지 않아. 적어도 나는 그렇게 생각하네. 이 이야기는 후에 다시 하도록 하지.)

두번째로는, 독서와 공연 혹은 스펙타클(옵시스)에는 잘 알려진 바처럼 차이가 있다는 점이야. 아리스토텔레스가 정확히 뭐라고 말하고 있지? 그것을 우리는 14장 시작 부분에서 읽을 수 있네.

공포와 연민은 분명 스펙타클(옵시스)로부터 생겨나지만 사건 자체의 체계〔그 유명한 *sustasis tôn pragmatôn*〕로부터 생겨날 수도 있다. 바로 이 후자가 가장 중요한 방법이고, 최고의 시인을 돋보이게 하는 방법이다. 결국 스펙타클과는 별개로 이야기는 구축되어야 하며, 이렇게 발생하는 사건들을 겪음으로써 사람들은 공포에 떨게 되고, 일어난 일들 앞에서 연민을 갖게 되는 것이다. 바로 이것이 우리가 『오이디푸스 왕』의 이야기를 **들으면서**〔강조 표시는 내가 하는 것이네〕 느끼는 바일 것이다.

24

그는 계속 동일한 원칙을 말하고 있어. 텍스트가(말이), 즉 듣기가 더 중요하다는 것이지. 바로 그렇기 때문에 고대인에게 독서—소리 높여 읽는 독서—는 몸짓*gestus*, 행동을 절대 배제하지 않는다네. 그리고 바로 그것이 내가 듣고자 하는 의미에서의 가장 중요한 무대화이지. 독서만으로 비극은 자신의 고유한 효과를 완수하기에 충분한 것이야. 그러니 다른 방법들을 사용하여 카타르시스를 유발하는 것, 즉 시각적인 수단에 전적으로 의존하여 카타르시스를 유발하는 것은 비극의 본질에 부합하지 않아. 다시 한 번 그 구절을 조금 변용해서 인용해보겠네.

> 스펙타클로 이와 같은 효과를 만들어내는 것은 결코 예술적인 것이 아니다. 그것은 무대장치술에 속하는 것이다[나는 조금 위험하지만 *khorègia*를 무대장치술이라고 번역했네]. 스펙타클은 공포를 만들어내는 것이 아니라 단지 끔찍함을 만들어내는 것이며, 이는 비극과는 전혀 관련이 없다.

내가 보기에 이 구절은 매우 일관성 있을 뿐만 아니라, 오늘날에까지 적용되는, 연극에 대한 너무도 명확한 이해가 담겨 있네. 그것을 이렇게 말할 수 있을 걸세. 연극은 '무대'를 전제한다. 하지만 이 무대는— 행위화, 발화작용이며—항상 시각화보다 앞서는 것이다. 이것은 일종의 원-연극archi-théâtre을 정의하는 것이지. 결국 이것을 가장 잘 이해한 사람들 중 하나는, 자네도 잘 알다시피, 말라르메Stéphane Mallarmé야. 절대의 책le Livre 말이네. 모든 연극을 대신하여, 절대의 책이 발화되어야 한다는 점에서 말이야.

자네는 너무도 성급한 나의 해석이 연극 장르의 가장 자명한 이치를 뒤집으려 한다고 반박하겠지. 나쁜 텍스트를 가지고는 좋은 연극을 만들 수 없지. 자네도 『시학』 속에서 이와 같은 생각을 담은 구절들을 많이 찾아낼 수 있을 걸세. 예를 들어보자면, 아리스토텔레스가 "교양 있는"(혹은 "고급 élevé") 연극과 "저속한" 연극을, 다시 말해서 사실상 "교양 있는" 관객과 "저속한" 관객을 구분 지었던 구절들을 떠올릴 수 있을 걸세. 우리가 미메시스에 대해서 함께 연구하던 시절에 포트라Bernard Pautrat*는 아리스토텔레스가 생각했던 관객은 철학자 대중, 즉 이해하는 대중이며, 이해하는 기쁨을 누릴 줄 아는 대중이라고 지적했던 것을 자네도 기억하겠지. 그리고 포트라는 이 '엘리트주의'에 브레히트의 지지자들을 대립시켰어. 하지만 내가 보기에는 브레히트주의자들도 별 차이

---

*   프랑스 철학자, 고등사범학교 교수, 연극 번역가 및 각색가로서
        클라우스 미하엘 그뤼버Klaus Michael Grüber, 베르나르
        소벨Bernard Sobel 등과 작업했다.

없었네. 연극의 진정한 사명은 모든 관객이 '철학자' 관객이 될 수 있도록 만드는 것이라고 주장한 점을 빼놓고는 말이야. 자네는 내가 말한 '원-연극'이라는 개념—나는 이 개념을 아리스토텔레스에게서 빌려왔는데, 그것은 내가 '아리스토텔레스주의자'라서가 아니라 아리스토텔레스에게서 연극에 대한 심오한 직관을 보았기 때문이야—이 일종의 경건한 종교적 소망이며, 끊임없이 무대의(공간의, 배우의, 출판의) 냉혹한 현실과 충돌하도록 저주받은 이상화의 경향이라고 반박하겠지. 그런 반박에도 일리가 있지. 그럼에도 불구하고 나는 이 '원-연극'을 향하여 노력하지 않는 한, 가치 있는 연극이란 없다는 입장이네. 어쨌든 내가 드라마투르그나 연출 활동을 감행해본 것은 —그 결과가 어떠했든 간에—이와 같은 생각 혹은 이러한 질문 때문이었지. 어떻게 하면 스펙타클을 깨부술 수 있을까?

　　이제 자네의 두번째 질문으로 넘어가야 할 것 같군. 내가 보기에 자네에게는 이 두번째 질문이 더 중요해 보이는군. 하지만 이 자리에서는 짧게 얘기해야 할 것 같네. 스펙타클을 부수는 것과 마찬가지로 형상을 깨부수어야 하네(참으로 거창한 기획이지!). 그러니 차라리 이렇게 말해보지. 허구적인 과정에 제동을 걸어야 한다고. **형상화**라는 것이—우리 모두가 알고 있는 몇 번의 엄청난 순간에—결국은 서구의 불행한 운명이고 또한 '인류 전체'의 불행한 운명이구나 하고 때로 분노하면서 또 때로는 낙심하여 중얼거리는 날들이 있지 (하지만 인류 중에서도 서구만이, 형상화에 호의적인 이론을 만들어냈어. 어떤 관점에서는 이것을 철학이라고 부를 수도 있지). 형상에 대한 이러한 나의 적대심을 자네는 칼뱅주의자로서의 나의 오랜 과거(아직도…)와 결부시키기보다는 내가 존재유형학이라고 명명한 것에 대해 나 자신이 갖고 있는 의심과 관련지었지. 맞는 지적이야. 그것은 다시 말하면 "존재 그리고/혹은 진리를 현시하기 위해서 형상적이고 허구적인 것을 지정하는 데 대한 의심"이야. 바로 이것이 내가 가질 수 있었던 몇 안 되는 철학적 직관들 중 하나이지(내가 철학자로 자처하지 않는다는 것을 자네가 잘 알고 있지 않은가). 바로 이러한 철학적 직관이 나를—바로 하이데거**Martin Heidegger** 자신이 나를 그 길로 들어서게 했으니만큼 복잡한 방식으로—하이데거는 물론 그의 뒤를 따르는 모든 철학적 전통과 **불화**하도록 만들었지(그것이 반드시 **정관사가 붙는 철학 그 자체**는 아니라는 점을 이제는 시인하네. 하지만 어쨌든 그것이 지난 3, 4세기 동안 유럽을 광범위하게 지배했어). "신화의 단절"이라고 자네가 말했던 것은 바로 이러한 맥락이었지. 같은 시기에 나는 첼란**Paul Celan**에 대해서 예술의 단절 혹은 시의 단절이라고 말했었지(그리고 그보다 조금 앞선 시기에는 같은 의도로 횔덜린식으로 "중간휴지**césure**"라는 단어를 사용하기도 했어). 우리는 아직도 이와 관련된 논의를 끝내지 못하고 여전히 같은 말을 하고 있군. 어쨌든 계속해보겠네. 시에 대한 하이데거식의 해석은—정치적으로, 윤리적으로, 그리고 기타 등등으로 전혀 결백하지 않은—(재)신화화 혹은 (재)허구화에 열광하는 시도로 내겐 보이네. 하지만 자네는 이렇게 말했지. "〔…〕 나는 항상 형상화를 요구하는 방향으로 이끌렸던 것 같아. 왜냐하면 신화의 '단절'은 내게는 단순한 중단이 아니라 잘라내면서 또 다른 발화 행위의 자리를 그려주는 절단의 움직임처럼 보였기 때문이네." 이렇게 말할 때 자네는 이 확언의—정치적, 윤리적, 교육학적, 종교적—영향 모두를 고려하고 있다는 것을 나는 알고 있네. 그리고 내가 보기에 개괄적으로는—그래서 나는 세부적인, 하지만 때로는 상당히 큰 이견들에 대해서는 말하지 않겠네—이 점에서 우리가 동의하는 것 같아. 어쨌든 나는 자네 주장의 **논리**에 동의해. 그리고 결국, 바로 이 논리가 나로 하여금 아리스토텔레스가 말한 바, 즉 원-연극을 옹호하도록 한다는 것을 이제 깨달았어. "논쟁의 단초는 여기에 있는 것 같군. '형상'을 그 무엇보다 (재)현시로 생각하는 입장과 '형상'을 그 무엇보다 발화의 공간으로서 그리고 발화하는 현전(그러므로 목소리와 분리되지 않는)으로서 생각하는 입장 사이에 말이네"라고 자네가 썼을 때 나는 이렇게 말할 수밖에 없었네. 그래! 그렇지—그렇지만…—나는 몇 가지 받아들이지 못하는 것들이, 아니 받아들이기 힘들다고 생각되는 것이 있네.

아마도 내가 자네 얘기를 제대로 이해하지 못해서겠지. 그것은 적어도 다음의 두 가지이네.

1) 내가 '비-형상화'에 대해 말할 때(이 단어가 확실히 어울리지 않기는 하지만), 나는 분명 아도르노Theodor Adorno적인 개념들인 비신화화Entmythologiesierung와 비미학화Entkunstung를 참조한 것이네. 하지만 그 이면에는 횔덜린의 후기 시에 대해 1915년 벤야민Walter Benjamin이 사용한 표현인 Verlagerung des Mythologischen, 즉 신화적인 것의 지위 박탈이라는 의미도 있다고 나는 생각해. 그와 같이 지위를 강등시키는 것은, 벤야민이 늘 강조하듯이, 신화 자체의 파괴, 신화적 요소의 파괴는 아니야. 다시 말해서 그 속에서 개인의 경험이나 실존의 진리가 발화되며—더 중요한 것은 발화의 태도인데—서정적으로 소리 높여 말하기를 요구하는 '말parole'의 방식을 파괴하는 것은 아니라는 거지. 신화적인 것의 지위를 강등시킨다는 것은, 담론에서 그 말이 지닌 가능성들이 화석화된 형상들이 되지 못하게 한다는 것이야. 벤야민이 살펴본 바처럼, 신들과 인간들(민중) 사이에서 중재자로서의 시인의 형상—정확히 바로 이것을 20년 뒤에 하이데거가 찬양하지…—을 없앤다는 것이지. 하지만 여기서 또다시 하나의 형상이 생겨나지. 벤야민은 이를 Gestalt, 즉 시의 '담지자Gehalt'라고 불렀어. 이것을 벤야민은 시의 형상 가능성의 조건, 초월적 도

식이라고 굳게 믿었어. 하지만 이러한 필수적인 형상성이 형상화 속에서 두터워질 수는 없어—아니, 두터워져서는 안 되지. 새로운 발화작용의 자유는 그보다 선행하는 형상을 파괴하는 것을 전제하네. 선행하는 형상은 시를 쓸 때 항상 더 이상의 것을 향해 나아가는 추론을 응고시키는 요소이지. 하지만 시를 쓸 때만이 문제가 아니야. 여기서의 쟁점은 바로 무신론이야. 정치도 여기에 포함되지, 오늘날 정치에서는 형상화—심지어 죽은 형상화—가 다시 강제되고 있으니 말일세.

2) 그러므로 형상에 대한 나의 반감은 형상화에 대한 반감이지. 정확히 말하면, 그것은 명명에 대한 반감이야("성스러운 이름이란 없다" 등). 조금 다른 식으로 말해보지. 형상 속의 어떤 것이 모든 생산에 필수적인 순수한 형상적(도식주의?) 기능을 넘어서 과도하게 고착되기를 원하는 순간에, 그것이 무엇이든 간에 반드시 신성화 혹은 신화화를 초래한다는 것이지. 자네도 잘 알고 있지 않은가. 내가 일종의 형상적인 금욕주의를 믿는다는 것을. 비록 내가 온갖 종류의 '조각상'을 좋아한다고 해도 말이지(물론 이 조각상들이 더 이상 '살아 행동하지' 않고, 더 이상 존재로서의 자신을 주장하지 않는다는 조건에서 말이야). 그렇기 때문에 내가 자네보다 절단을 더 강조하는 거라네. 중간휴지—'엇박자 쉼표'—가 하나의 시행, 문장, 나아가 작품 혹은 이야기를 **구성하는** 거지. 그런데 그 외에는 자네와 내가 더 비슷한 부분이 없네. 자네

가 "줄일 수 없는 간격"이라고 불렀던가? 바로 여기서 자네
는 동일성identité과 자기성ipséité 사이의 차이를 드러내려 하
는 것이지? 그런데 나는 그 차이를 잘 모르겠어(보통은 단지
그게 그것인 듯 생각된다네. 라틴어 *ipse*는 내가 보기에는 할
당효과와 명명효과가 똑같이 강하기 때문이지). 나는 모르겠
네. 자네가 내게 한 지난번 질문에 다시 답을 하기 위해서 그
리고 이 첫번째 서신 교환을 마무리 짓기 위해서 내가 말할
수 있는 것은 이런 것이네. 그래, 두 가지의 무대가 있어. 그
하나는 당연히 형상들이 보여지는 무대이고, 또 다른 하나는,
그걸 뭐라고 불러야 할지 모르겠지만, 보이지 않는 곳으로 한
발 뒤로 물러서 있는 무대이지. 하지만 이렇게 말하는 것이
자네가 앞서 말한 바를 반드시 반박하는 것은 아니야…

친애하는 필립,

그래, 사실 자네의 답은 정확하게는 내가 말하고자 했던 바에 대한 반박은 아니었네. 나도 주장을 제기한 것이라기보다는 살펴봐야 할 질문을 했던 것이니까. 손쉽게 동의해주는 척하지 않고, 그런다고 해도 의심하지 않을 수 없었겠지만, 자네는 내 질문에서 핵심이 무엇인지를 명확하게 설명해주는군. 문제는 '형상'과 '비-형상'을, '무대'와 '비-무대'*를 대립시키는 것이 아니라 이 개념들 각각을 세심히 구분하고 그 복잡성을 인지하는 것이라는 걸 말이야. 그렇게 하는 것은 무엇인가를 복잡하게 꼬아놓는 (문제가 많은) 쾌감을 위해서가 아니라, 실제로 우리의 관심사 속에, 겉으로 보이는 것보다 훨씬 지속적이면서 시급한 '형상'에 대한 질문이 있기 때문이지. 이 질문은 철학적이면서 동시에 정치적이고, 미학적이면서 동시에 정신분석적이야. 더 상세하게 말하기보다는 지금은 이 정도로 해두겠네. 하지만 이 모든 문제에 대한 일반적이고 통합적인 원칙을 정하려고 할 때 '무대'라는 이 주제가 아주 적절해 보이는군.

> *   낭시는 비무대non-scène와 동의어로 '외설적인'이라는 뜻의 ob-scène을 제시함으로써 라쿠-라바르트의 입장을 비판한다.

자네에게 답을 하기 위해서 주제를 한번 도식화해봐야 겠어. 역사적 필연성(여기서는 이것이 무엇인지 설명하거나 좋은 것인지 나쁜 것인지 평가하지 않겠네)은 우리로 하여금 일반화된 비현시imprésentation의 시대로 들어서게 했다고 말이야. '존재être' 혹은 '물자체chose même' 혹은 '의미sens,' 더 나아가 '진리vérité'—이 용어들을 구분 짓는 것은 별로 중요하지 않지—를 현시하는 것은 가능하지 않아. 동일시를 가능하게 하는 술책, 시각적 속임수, 재현적 환상, 상상의 끈끈이 같은 것을 사용하는 위험을 감수하지 않고는 말이지. 그러므로 아리스토텔레스가 『시학』의 서두에서 조용히 확언했던 것보다 더 이상한 것은 없는 셈이지. "인간은 본능적으로 재현을 하는 경향이 있고, 〔…〕 재현을 하면서 기쁨을 찾는 경향이 있다"(48 h 5~10). 그런데 이러한 '경향'이 위험하거나 해로울 수 있다는 의심 없이는 우리는 그의 말을 받아들일 수 없네. 우리는 결국 여기서 칸트적 이성의 **충동**Trieb을 보게 되는 것 같군. 이 충동은 고칠 수 없는 것이지만, 그것을 절대적인 목표(즉 그것을 재현하는 것)로 삼기를 원한다는 점에서 분명 비판할 만한 것이지.

(그 반대편에는 역시 길고도 복잡한 전통, 즉 재현을 금지하는 전통, 성상파괴의 전통이 있지만 이에 대한 설명은 다음으로 미루겠네.)

아리스토텔레스의 말은 몇 가지 큰 문제점을 지니고

있어. 즉 모든 미메시스는 때로는 뭔가 부족하기 때문에 (*mimeistha*, 즉 초월이 문제일 때), 또 때로는 넘쳐나기 때문에 우리에게 의심스러운 것이지. (자네는 '스펙타클'이라고 말했지만, 나는 그저 **무대장치**accessoire라고 말하고 싶군. 벤야민이 『비극론*Trauerspiel*』의 한 챕터를 이것—옛날 연극 용어인 독일어 Requisit, 즉 무대장치—에 할애했었지. 내가 벤야민의 무대장치에 대해 이야기하는 건 자네가 벤야민 이야기를 했기 때문이네. 그리고 또 자네에게 있어 비극론의 쟁점이 무엇인지를 알고 싶기 때문이기도 해. 『비극론』이라는 책을 말하는 게 아니라, 비극이라는 개념을 말하는 것이야. 더 정확히 말하자면, 비극이라는 개념이 '시각적인 것'과 본질적인 관계를 지니고 있는가 하는 것 말일세. 그런데 내가 너무 빨리 나가는 것 같군. 갑자기 모든 것이 동요되며 급히 전개되게 생겼어. 어차피 우리가 이 텍스트를 써내기 위해서는 서둘러야만 하니까 어쩔 수 없지. 우리 역할을 연기해야지. 즉흥극을 한번 해보세.) 그리고 나니, 모든 것이 때늦은 플라톤주의의 전통 속에서 일어나는군—분명 아리스토텔레스적인 전통은 아니야. 마치 우리가 순수한 비현시 앞에, 그리하여 '얼굴'이 없이, 우리 자신이 '서로 얼굴과 얼굴을 마주하지' 못하고서, 관객을 스펙타클로부터 분리시키고 있는 것만 같네. '재현의 주체'로부터 자유로워지고자 한다면, 우리가 얻을 수 있는 것은 모든 종류의 현시에 대한 완전한 거부뿐인 것 같군.

좀 극단적이지만 적절해 보이는 표현으로 말하자면, '허무주의nihilisme' 그 자체 말이네.

그렇다고 해서 자네도 잘 알다시피, '주체로의 혹은 주체의 회귀'를 설파하기 위해 예전에 서툰 시도를 했던 사람들 중의 하나를 지금 내가 옹호하려는 것은 아니네. 오히려 나는 자기에의 현전이라고 이해되는 주체성이 끝나는 지점에 우리가 자리하고 있다고 확신하네. 자기에의 현전은 재현에 근거를 제공하고, 재현된 것들이 자신의 재현인 것처럼—자기 자신이라는 바로 그 이유 때문에 재현 불가능한 것임에도 불구하고—그것들과 관계를 맺는 것이지. 그렇지만 나는 재현 불가능하다는 것 자체도 차라리 주체성의 체계 속에 예정된 결과일 뿐이라고 말하고 싶군. 그리하여 주체의 **위치**place란 항상 처음부터 다시 차지해야 하는 것은 아닌가라고 나는 자문하게 되었네. 혹은 조금 더 적절하게 표현해본다면, 세계와 '마주 보는face-à-face' 자리lieu, 모든 종류의 현현과 '대면vis-à-vis'하는 자리로서, 이 위치는 계속해서 열리면서, 계속 다른 방식으로 배치되는 것이 아닌가 하고 생각하게 되었네.

대면: 이 개념에 대해 잠시 이야기해야겠군. 이건 주체와 다른 것이네. 주체 **앞에** 스펙타클과 현상이 있지만 주체는 바라봄을 당하는 입장에 놓이지 않고, 현상의 시선에 놓이지도 않아.* 그 자체로 객관성 속에서 중립화되지. 그런데 내가 기꺼이 **관객**spectateur이라고 부르는 자는 그 자신 또한 **바라**

36

봄을 당하며, 그가 바라보는 것 혹은 응시하는 것의 **시선에 놓여짐**으로써만 그 자신일 수 있지. 그리하여 놀이와 교환과 순환 속에, 그리고 주체의 재현 체계와는 전혀 다른 체계에 속하는 공동체 속에 관객은 연루되고 공유되지. 자네가 말하는 '원-연극' 속에서, 원-관객이 그가 바라보는 것과 마찬가지로 어떤 방식으로 원-무대로부터 **보여지는지**를 분석할 줄 알아야만 한다고 나는 생각해. 다시 말하면, 결국, 신화mythe(이 단어를 또다시 쓰고 마는군)와 그 신화를 낭송하는 공동체가 어떻게 **그에게 도래하는가** 하는 거야.

이제 아리스토텔레스가 말한 '기쁨'(마음에 드는 것, 아름답고 호의적이고 유쾌한 것, 감사한 것을 즐기다라는 뜻의 그리스어 *chairein*)에 대해 알아보도록 하겠네. 이 말은 '자연'적인 '인간'은 '재현의 주체'가 아니라 오히려 자기-밖의-존재에 의해 정의되는 존재자이며, 있는 그대로의 현현에 참여함으로써 혹은 현현을 공유함으로써, 다시 말해 일반적으로 어떤 사물을 자기 밖으로 놓는 것을 공유함으로써 정의되는 존재자라는 것을 알려주지—완전히 같거나 완전히 다른

---

*   viser란 겨냥하는 것, 혹은 바라보는 것이다. 그런데 viser의 어간과
     동형인 vis는 고어 프랑스어의 visage(얼굴)에서 파생된 단어이다.
     그러므로 face-à-face 대신 vis-à-vis를 사용함으로써 낭시는
     지향하는 방향성을 더 강조하고 있다. 관객과 무대 사이에서
     단순히 위치에 관련된 마주 섬의 문제가 아니라 서로를 향해
     겨냥하고 있는 관계라는 점을 강조하는 것이다.

게 아니라, 같으면서도 다른 것이지(그러므로 바로 이 구문에서 아리스토텔레스는 미메시스가 우리를 '기쁘게' 한다고 적고 있네). 사물을 존재의 내재성으로부터 끄집어내 외관le paraître을 통해서 드러내는 것이지. 마찬가지로 아리스토텔레스의 **관객** 역시 여기서 그 모습을 드러낸다네. 아니, 차라리 이 두 개의 드러남은 하나 속에 다른 하나가 포함되어 서로 분리할 수 없으며, 주체와 대상의 관계로 환원되지 않는 것이네.

(자네 편지를 다시 읽은 후에 여기 몇 줄 더 써보네. 단어 선택이 적절하지 않았을 수도 있지만 어찌되었건 바타유 Georges Bataille로부터 차용한 동일성과 자기성의 구분을 통해서, 내가 하고자 했던 것은 이런 질문이었네. 주체가 아니라면 그 누군가에게 어떤 이름을 붙일 수 있을까? 어쨌든 그는 **한 명의 누구**가 아닐까?)

자네가 '원-연극'이라고 지칭한 것의 고고학적 지층을 바로 이 지점에서 살펴볼 수 있겠군. 원-연극은 사실 무대장치나 눈에 바르는 분처럼 재현적인 외부, 즉 '스펙타클'과는 전혀 상관없는 것이지. 하지만 그렇다고 해도 존재**이니만큼** 그것도 본질적으로는 외부 그리고 외관—존재의 외관—과 관계를 맺어. 그래서 이것은 형상의 문제를 다시 끌어들이지. 차라리 이렇게 말할 수 있겠군. 형상은—그리고 무대는—존재의 원-필요성 속에, 혹은 자네 방식대로 말하자면, **존재론적**

모방 속에 새겨져 있는 것이지. 존재론적 모방은 어찌되었든
간에 『시학』의 바탕이 되는 것임에 틀림없지. 그런데 이 바탕
은 내가 좀 전에 환기한 바 있는 플라톤주의에 정반대되는 것
이네(물론 플라톤Platon을 단지 플라톤주의만으로 환원할 수
는 없어. 미메시스에 대한 그의 복잡한 입장이 보여주듯이 말
이야. 이 점에 대해서는 자네가 전문가이지).

연극이 오늘날 그저 하나의 '위기'라기보다는 총체적인
불안감 속에 빠져 있는 것은 분명히 우연이 아니네. 연극은 이
와 같은 플라톤주의에 완전히 장악되었어. 바로 그렇기 때문
에 연극은 볼거리와 소멸 사이에서 분할되어, 아니 차라리 찢
겨져 있다고 할 수 있지. 자네가 말했듯이 "볼것으로 가득 차"
있는 것과 "볼 게 하나도 없는 것"으로 말이네(그다음은 이렇
게 이야기하게 될 거야: "지나가시오! 이제 더 이상 이 도시
에는 사람들이 모여드는 장소가 없습니다!"*). 가장 진부한
의미에서의 순수한 외관이거나 완벽하게 자신의 내재성으로
역행한 것이지.

시각적인 볼거리와 소멸 사이의 긴장이 지나고(바로 이

---

*   Circulez il n'y a rien à voir라는 표현은 "볼것이 없으니 그냥
지나가세요"라는 뜻이다. 그런데 여기서 낭시는 "rien à voir"라는
표현을 재현에 대한 라쿠-라바르트적인 시각, 즉 시각적인 것이
없어도 연극이 가능하다는 입장을 표현하는 구문으로 사용하고
있다. 그리고 앞의 표현을 변형시켜, 시각적인 것이 사라지면 결국
극장도 사라지게 될 것이라고 말하고 있다.

것이 분명 베케트Samuel Beckett가 자신의 방식으로 질문했던 바일 거야), 하나의 무대가 다시 열리는 것 혹은 새로운 무대가 열리는 것은 **존재론적 형상성**의 공간이 열리는, 혹은 다시 열리는 것을 가정하는 것이네(나는 아리스토텔레스가 바로 이 점을 감지했다고 생각하네. 아리스토텔레스가 "연극에 대한 심오한 직관"을 가지고 있다고 한 자네의 추측처럼 말일세. 우리가 아리스토텔레스에게 투사를 하든 않든 그것은 중요한 게 아니야). 내가 보기에 우리의 대화에서 가장 중요한 것은 바로 이것이네. 하지만 존재론적 형상성이라는 것이 자네가 말한 '존재유형학'에 포괄되는 것 같지는 않군. 굳이 원한다면 비슷하게 보일 수는 있지만, 정확히는 서로 대칭형으로 비슷하며, 그러한 **유형**이 반드시 요구하는 바를 가지고 있지 않은 채로 비슷한 것이지.

그런데 이때 **공간**espace이라는 단어는 공연히 쓴 것도 괜히 멋을 내려고 쓴 것도 아니야. 지금 쟁점이 되는 것—'무대' 자체—이 있는 그대로의 외부의 열림, 말 그대로의 밖의 열림을 요구하기 때문이네. 다시 말해서 그것은, 내 입장에서는 어떤 하나의 '의미sens'가 있게 하는 것의 열림, 혹은 '의미'를 만들고, 그것을 분절하게 하고, 말하게 하는 것의 열림인 것이지. 아주 단순화한 것이지만, 그래도 자네가 말한 것에 가장 근접한 표현으로 말하면, 전언énoncé보다는 발화작용énonciation에 가깝다고 할 수 있네. **무엇**은 큰 소리로 말해지는(발화되는, 말해지는, 문장화되는) 것이며 **어떻게**는 그것 ça이 그렇게 말해져서 존재하는 것이지. 더 정확하게 말한다면 **무엇**이 바로 **어떻게**인 것이야. 발화작용은 그것의 양태—요즘식으로 말한다면, 화용론—와 구분되지 않는 것이네. 양태는 조건을 형성하지. 그런데 그 조건은 장식적인 것이 아니라, 의미 중에서도 어떤 하나의 의미를 발신하는 내재적인 조건이야. '공적인' 혹은 '의사소통을 가능하게 하는' 조건이면서 동시에 그것을 알아볼 수 있게 하는 조건이지(이 점에서 미메시스에 가닿게 되는 거지). 모든 상황 속에서, 가장 사소한 상황 속에서조차, 중요한 것은 어떻게 그것이 말해지는가이지…

(내 기억이 맞다면, 나의 첫번째 편지에서) 내가 이 지점에 대해서 요청하지 않았음에도 불구하고, 자네는 친히 그걸 지적해주었지. 이것이 '몸corps'의 문제라는 것을 말이야. 몸이라는 단어를 굳이 강조하지는 않겠네. 자네가 이 단어를 꺼려 하고 사용하는 데 저항감을 가지고 있다는 것을 잘 알고 있어.

(자네가 환기하는 칼뱅주의와 내가 환기할 수도 있을 가톨릭 사이에, 그리고 아마도 헬레니즘과 또 다른 헬레니즘—이를테면 '플라톤'/'아리스토텔레스'—혹은 '유대교'와 또 다른 유대교—'토라Torah'/'카발Kabbale'—사이에, 우리들의 전통 전체가 그 위에서 조각나고 다시 하나로 봉합되는 극도

로 복잡한 분할의 선이 있어. 그것은 '몸'의 선, '형상'의 윤곽선 그리고 '무대'의 경계선이지. 이와 같은 선들이 도처에서 어떻게 우리의 동일성과 자기성의 내밀한 분할과 통합을 구성하는지를 우리가 아주 잘 보여줄 수도 있겠군. 예를 들면 가장 눈에 띄는 인물들인 '단테Dante Alighieri' '몽테뉴Michel de Montaigne' '루소Jean-Jacques Rousseau' '헤겔G. W. F. Hegel' '모차르트Wolfgang A. Mozart' '피카소Pablo Picasso'가 있어. 연극 쪽으로 가보면, 1920년부터 연극사는 텍스트로 침잠하는, 이를테면 '오라토리오'라고 할 만한 유형과, 부산한 몸짓과 절규에까지 이르도록 육체를 드러내고 고양시키는 유형이라는 두 가지 극점 사이에 분할되어 있어. 물론 아르토Antonin Artaud는 그 교차점에, 그 십자가의 한가운데에 베케트와 함께 자리하고 있지. 셰익스피어William Shakespeare도 빼놓으면 안 되겠군.)

그러므로 몸이라는 '기표'의 두께에 대해서(그리고 모든 '기표적 몸'들에 대해서), '영혼'에 대립하는 몸의 무게에 대해서 나는 자네에게 많은 부분 동의할 수 있네. 영혼이라는 것도 완전히 순수한 것은 아니지만 말일세. 그렇지만, 사실 '몸'이란 존재의 형상적 확장을 지시하기 위해서는 가장 부적절한 것이지만, 그것 없이는 존재가 실존하지 못할 것이라는 점은 분명해(물론 하이데거가 말하듯이, 그렇지는 않아. 하지만 자네도 잘 알듯이 내가 말하고 싶은 것은, 그것 없이는 존재자가 존재하게 만들 수 없을 것이라는 점이야).

'몸'은 그러므로 이미 무대이네. 자네가 원-연극이라는 표현으로 말하고자 하는 것은 내가 보기에는 분명 독일어로 Inszenierung* 혹은 Darstellung**의 최소한의 형식과 관련되는 것 같더군. 그것은 텍스트의 발화작용이야. 아니 발화되는 것으로서의 텍스트라고 말하는 편이 더 낫겠군. 그런데 이 최소한의 것이 단번에 최대한의 것이 되지. 그리고 결국 이것이 모든 '무대화'에, 그리고 그 점에서 모든 '스펙타클'에 선험적인 것 또는 공리가 되는 것이지. 내가 약간 강박적으로 자주 사용하는 모티프를 사용하면, 이와 같은 확장은 특히 말하고, 노래하고, 고함지를 때(혹은 웃을 때) 입의 열림을 통해 형상화돼. 분명히 이렇게 할 때 곧바로 과장스러워질 수도 있어(과장하는 경우가 대부분이야, 혹은 그렇게 이야기해서는 절대 안 되든가!). 내가 보기에 이건 피할 수 없는 위험이야. 그 위험을 안고서, 우리는 상대를 가늠해보고 협상도 하지. 아무튼 우리가 소리 높여 말하는 입을 무시할 수는 없어—왜냐하면 입이 텍스트에 쓰인 글씨 그 자체를 딱 붙여서 이미 큰 소리로 말하고 있기 때문이지(그리고 바로 그렇기 때문에 여기에는, 아마도 아리스토텔레스가 천명한 바의 두 양상, 두 경향의 모

---

* 　　　생산, 무대화. 프랑스어 동의어는 production.
** 　　제시, 현시, 표현. 프랑스어 동의어는 présentation.

순은 없네*).

여기서 내가 첨언하고 싶은 것은, **옵시스**라는 모티프가 부차적인 차원으로 물러선다는 거지. 아니 차라리 **접촉**toucher 이라는 모티프(이것 역시 내가 강박적으로 자주 다루는 것 이지)로 변형된다는 거네. **부슈 투슈**bouche touche처럼 모음운 율 맞추기를 이용해서 축약해보면, '입이 만진다'라는 의미가 만들어지지. 내가 보기에는 이것이 '원초적인 무대'야(원-연 극의 또 다른 이름이지). 혹은 이렇게 말할 수 있겠군. 하나의 텍스트로부터 와 닿는 것,** 그것은 분명 입이다. 입이 텍스트 를 말하고, 입에 의해서 텍스트가 말해지는 것이다. 심지어 이렇게 이야기할 수도 있겠군. 입, 바로 그것이 텍스트이다.

(여기에서 연극 텍스트와 관련된 온갖 질문들이 제기될 수 있겠군. 오늘날 극 텍스트가 왜 쇠락하는가. 연극을 위해 집필되지 않은 텍스트를 무대화하는 것은 무슨 의미가 있는 가. 무엇이 어떤 텍스트를 '연극적'이라고 하고 어떤 것은 아 니라고 정의하게 하는가. 다시 말해서 '텍스트성' 속에 이미 무대화되도록 만드는 것은 무엇인가. 그리고 바로 그것을 위 해서 텍스트는 **공연**되어야 하는 것인가.)

---

*   스펙타클은 비극을 이루는 요소들 중 가장 중요하지 않은
        것이지만, 그것 없이는 비극이 성립하지 않는다는
        아리스토텔레스의 말을 일컫는다.

**   toucher: '만지다' '감동을 주다'의 두 가지 의미를 담은 말장난.

그런데 포인트는 여기에 있네. 실재의 확장이 없으면 와 닿을 수가 없다는 거지. 바로 그렇기 때문에 입이 필요한 것이라네. 배우의 실제 입 말이네. 가면 속의 **페르-소난스**per-sonans*라고 말할 수 있겠지. 달리 말하면, 텍스트가 **와 닿는다**(감동을 준다)라고 할 때 이것은 그저 은유적인 것뿐일 수는 없다는 것이지. 칸트Immanuel Kant가 에피쿠로스 학파를 설명할 때 즐겨 반복하듯, 기쁨은 항상 육체적으로 느낄 수 있는 것이네. 마찬가지로 **모방**을 할 때 우리가 누리는 **정신적** 기쁨은 **쾌락주의적** 기쁨 없이는 얻을 수 없는 것이지. 물론 아리스토텔레스는 이 둘을 혼합하지 않네. 아리스토텔레스는 '스펙타클'에 쾌락주의적 기쁨을 부여하지. (뒤퐁-록과 랄로의 판본은 이 점을 강조하고 있네. 하지만 내 생각에는 이 두 가지를 연결시키지 않을 수 없다는 것, 바로 이 점을 아리스토텔레스 연구에 도입해야 할 것 같아.)

여기서 접촉, 몸 등에 대해서 말하는 것은 은유가 아니네. 왜냐하면 사실—메타-포méta-phore라는 단어는—의미의 실제적인 이동과 관련되기 때문이지. 의미sens는 그것이 실제적으로 가닿아 접촉하지 않는다면 전달되지 않아. 이 접촉이

---

*　　여기서 낭시는 페르소나persona라는 단어 대신 per-sonans라는 표현을 사용하는데 sonans는 라틴어로 '소리를 내다'라는 의미를 지니고 있다. 즉 소리를 내는 기관으로서의 입을 강조하고 있는 것이다.

거리를 유지한 채라 할지라도 말이야. 그리고 동시에 '접촉'
이 여전히 은유라고 하더라도 말이네. 중요한 것은 어떤 특정
한 지점에서 접촉은 **동시에** 은유이기를 멈추기도 한다는 것
이지. (게다가 비슷한 논리로, 하지만 반대되는 의미에서 내
가 다른 책에서 말했듯이, 발화작용이라는 혹은 글쓰기라는
특정한 태도를 취하지 않고는, '몸'에 대해서 말하는 것이 가
능하지가 않네.)

　　무대는 이와 같이 의미가 이동하는 장소일 것이라고 생
각하네. 형상의 장소이면서 비형상의 장소로서 말이네(형상
이라는 단어를 물리적 윤곽을 갖는다는 의미와 함께 고유의
의미와는 다른 의미에서 취했을 때 말이네). 이때의 위험을
나도 모르지는 않아. 특성과 특성을 점유하는 것에 대한 (니
체-하이데거적인 의미에서) 새로운 '형이상학적' 주장을 은
근슬쩍 흘리고 있는 것인지도 모르지. 어쨌든, 접촉이라는 말
이 시각에 대한 가장 '형이상학적'인 특성들을 가지고 있다는
것을 모르지 않네. '접촉'은 그리스어로 *haplo*라고 하지. 프랑
스어에서는 촉각을 뜻하는 **압티크**haptique라는 단어가 시각을
뜻하는 **옵티크**optique라는 단어와 종종 혼동되곤 하지(데카르
트**René Descartes**가 그 좋은 예시를 보여준 바 있네). 그런데 촉
각적인 것이 그 자체로 고유한 것과 고유하지 않은 것의, 즉
각적인 것과 중계된 것의, 그 자리에 있는 것과 거리를 두고
있는 것의 결합으로 여겨진다면(둘 중 하나를 골라내는 것은

아마도 불가능하겠지?), 시각적인 것(옵티크)을 촉각적인 것(압티크) 쪽으로 끌고 가는 것, 이것이 바로 가장 중요한 쟁점이 되는 것 같군—그런데 바로 이것이 연극의 쟁점이 아닌가?

오늘 대화를 끝내기 전에, 적어도 한 가지만 더 덧붙여야겠군(우리가 또 다른 서신 교환을 할 시간이 있을지 잘 모르겠지만 말이야).

내가 방금 환기했듯이, 분명 극 텍스트는 텍스트로서 이미 연기 속에, 이미 무대 위에 존재하지(텍스트 본문 밖에 인물들의 이름을 쓰는 것이 희곡 글쓰기의 원칙이라는 것을 우리는 이미 잘 알고 있잖은가. 그 외에도 한마디로 형식화할 수 없는 희곡 글쓰기의 또 다른 특징들도 있지). 마찬가지로, 내가 보기에 그것과 정반대 측면, 즉 관객 앞에서 연극을 공연했을 때, 자네가 제기한 의미에서 '연기'를 '스펙타클'과 분리시키는 것은 결코 쉽지 않지. 내가 말하고 싶은 것은 입으로 발화하는 연기 속에는 매우 명백하게 이미 스펙타클적인 것이 있다는 거야. 나아가 가장 '장식적'이고, 또 가장 '반짝거리는' 볼거리 속에까지도 발화 행위는 존재한다는 것이네. 우리는 이것을 '유리 모조품 보석의 문제'라고 부를 수도 있을 것 같군. 유리 모조품 보석은 카바레에서만 쓰이는 것은 아니지(게다가 카바레라는 곳 자체가…?) 아마 모든 연극 속에 '가짜 보석'이 있을 거야. 다시 한 번 그리스인들을 참고해 이야기해본다면, 그들이야말로 온갖 종류의 조잡한 속임수에 분명히 우리보다 훨씬 더 익숙했을 것 같네('익숙하다'가 딱 맞는 표현인 것 같지는 않지만 말이야). 그 누구보다 아리스토텔레스도 그랬겠지. 이런 것이 아리스토텔레스로 하여금 연극에 대해서 자네가 말한 그런 생각들을 갖는 것을 막을 수는 없었겠지.

바로 이러한 이유로, 나는 발화작용이나 연기에 충실한 '형상화figuration'와 형상의 '화석화pétrification' 혹은 형상을 '두텁게 하기épaississement' 사이에 자네가 그어놓은 구분선에 만족할 수가 없어. 이런 종류의 대립은 여전히 경계선을 선명하게 보여주지 않지. 어디에서 그것은 '화석화'될까? 자네는 여러 가지 정확한 예시로 내게 대답하겠지. 자네 말이 맞겠지. 그렇지만 그것은 여기에 선험적인*a priori* 결정은 없다는 것을 보여줄 수도 있을 거야. 아마도 취향의 문제라고 말할 수도 있겠지—하지만 그 취향이라는 것이 가능한 한 주관적이거나 상대주의적이지 않은 의미에서 그러하겠지. 이를 위해서는 완전히 새롭게 한 챕터를 써야 할 것 같군.

마지막으로, 자네가 환기했던 절제에 대해 이야기해보겠네. 나는 절제라는 개념에 보다 명확히 정의된 내용을 부여해보고자 하네. 지금으로서는 이렇게 제안해보고 싶군. 절제는 우선, 단지 외부적, 형태적으로(그러므로 '형태'란 정확하게 어디서 시작되는 것일까?) 과잉과 도취의 대립어는 아

48

닌 듯하네. 절제를 정의한다면 그것은 무엇보다 그 향기를 통해 계시에 이르게 하는 말과 형태라는 술을 믿지 않는 것이라 할 수 있지. 절제된 예술은—결국 기만적인—밀교의 사제에 대립하는 것일 수 있겠군. 밀교적인 예술의 예를 든다면, 아마도 (깊이 생각하지 않고 고른 예들이네만) 귀스타브 모로Gustave Moreau의 그림(그를 정말 좋아하지만 말일세), 바그너Wilhelm Richard Wagner의 음악(그의 음악에서 어떤 부분은 나도 좋아해—그렇지만 바그너 음악에 대해서는 자네가 나보다 훨씬 잘 알지), 르네 샤르René Char의 시, 클로델Paul Claudel의 희곡을 들 수 있겠지. 하지만 말라르메에게서도 이런 점을 찾아내는 게 어려운 일이 아니라는 것을 금방 알 수 있지, 비록 완전히 다른 방식이라고 해도. 다시 한 번 묻겠네. 어떻게 경계선을 그을까?

일반적으로 이 대립은 '시'에 대한 두 가지 자세, 태도와 관련되네. '시적인poétique'이라는 단어에 사람들은 매우 빈번하게 '신비체험적인'이라는 뜻을 부여하지. 내가 알기로는 이 점이 자네가 지금 진행하고 있는 하이데거에 대한 연구, 즉 Dichtung〔시〕이라는 '시적'이라기보다는 '신비적'인 용어를 통해서 하이데거가 찾고자 했던 바에 대한 자네의 연구와도 관련이 있어. 나 역시『인간은 시적으로 산다Dichterisch wohnt der Mensch』*에서 기능하는 독해방식을 밝혀보려 시도한 적이 있는 만큼 자네가 하고자 하는 것에 동의하네. 그렇지만 우리의 오늘 서신 교환을 위해서는 한 가지 덧붙여야겠군. 시를 '사유'라는 방식 속에서 말해지도록 했을 때, 하이데거가 (물론 철학자로서의 하이데거가) 시로부터 가장 먼저 제거해버린 것은 바로 장식 혹은 시적인 연출 같은 것이었다는 점이야(하이데거의 태도나 의도를 지나치게 단순화하고 있다는 것을 나도 알고 있네─하지만 지금은 그냥 계속 더 나가보겠네). 이처럼 철학자는 어느 정도 예술을 절제 속에서 파악하는 자라고 여겨질 수도 있겠지. 그런데 절제는 『법철학 *Philosophie du droit*』의 미네르바의 새에 대한 구절에서뿐 아니라 『미학 *Esthétique*』에서 예술의 시대인 '과거'와 개념의 시대인 현대를 대비시키는 장에서 명명한 바 있는 헤겔의 회색과 비슷한 것으로 여겨질 수도 있는 것이지.

그러니까 '절제'에 대해서는 아직도 이야기해야 할 것이 더 있다는 거지. 절제는 아마도 그저 '단조로움'은 아닌 것 같네. 어떤 경우든 나는 도취ivresse를 포기해야만 한다고 생각하지 않아. 그렇다고 도취가 어떤 신비로운 비전으로 이끈다고 생각해서도 안 되지. 내가 '도취'라고 부르는 것은, 디오니소스 제의에서의 통음난무같이 반드시 거창한 것만은 아니야. 하지만 적어도 약간의 격정에 들떠 평소의 상태를 살짝 벗어나는 것이지. 아마도 이런 상태를 '연기' 혹은 '무대'와 분

---

*   휠덜린에 대한 하이데거의 저술.

리해서 생각할 수는 없겠지. 내 생각에 이 점에서는 우리가 동의할 수 있을 것 같군. 가끔 우리는 배우로서 그리고/혹은 관객으로서 소리를 지를 수밖에 없을 때가 있지. 극장에서 소리 높여 울부짖는 것을 보기 싫어함에도 불구하고 말이야. 가끔은 발성이 '과장'될 수밖에 없는 경우도 있지. 자네가 '화석화'나 '두텁게 하기' 등의 결과로, "형상 속의 어떤 것이 순수한 형상적(도식주의?) 기능을 넘어서 고착되"려고 하는 것을 비판할 때, 나는 자네에게 동의하네. 하지만 동시에 자문해보지. 어디서, 어떻게 그러한 '과장'이 있음을 지적할 수 있을지 말이야(그렇다면 어디서, 어떻게, 전혀 손상 입지 않은 채로 남아 있을 순수성을 찾아낼 수 있을까).

달리 말해보지. 도식주의라고? 그래—하지만 바로 순수이성의 도식주의인 '숨겨진 예술'은 '영원히' 도달할 수 없는 것이기 때문에, 칸트는 제3비판서인 『판단력비판』에서 이 도식에 여러 변형을 가하지. 그리하여 그 변형은 '숭고성'이라는 개념에 이르게 되는데, 칸트에게 그것의 '무대'는, 그것의 무대라는 것이 존재할 수 있다면, '오라토리오, 운문비극, 교육적 시'인 것 같군. 자네는 편지 서두에 '절제된sobre' '순수하게purement' 형상적 형식으로 오라토리오를 꼽았었지. 오라토리오에는 동의하네. 하지만 나머지 두 가지도, 특히 칸트의 정신 속에서, 절제된 것들이었을까? 칸트가 좋은 취향을 가지지 못했다고 말하는 것으로는 충분하지 않네. 비록 그것이 사실이었다고 해도 말이야.

　　하지만—히페리온Hypérion*이 말하듯—오늘은 이만하면 충분하겠군. 우리 다음 기회에 더 이야기하도록 하세.

<hr />

*　　그리스 신화의 거인족. 태양신 헬리오코스, 달의 신 셀레네, 새벽의
　　신 에오스의 아버지다. 결국 태양, 달, 새벽은 시간을 지시하는
　　것이기에 여기서는 정해진 시간이 지났다는 의미를 지닌다.

친애하는 장-뤽,

우리가 의견 대립으로 다툼을 한다는 것이 가능하기는 한 걸까? 고백하자면, 그런 것을 상상해본 적은 있네. 의견 대립으로 다툰다면 적어도 그건 우리 관계가 건강하다는 신호일 테고, 우리가 지닌 차이—부인할 수 없는—를 숨기지 않고 모든 것을 드러내놓고서 토론을 하는 방식일 것이라고 말이야. 그런데 요즘 우리가 지낸 시간들로 판단해보니 그게 반드시 누려볼 만한 호사 같지는 않군. 하지만 계속해야겠지. 자네의 답신을 읽어보았어. 곧바로는 뭐라고 답해야 할지 모르겠더군. 종종 학술대회 같은 곳에서 토론에 개입하여 응수하고, 반론을 내놓아야 할 때처럼 약간 당황한 거지(학술대회의 고문 중의 하나이지 않나. '뭔가를 말하는 것'이 유일하고 끔찍한 규칙이니 말이야). 처음 읽고서는 반론을 제시하지 않았네. 아니 좀더 정확히 말하자면, 반론을 제시할 게 전혀 없더군. 그런데 두번째 읽고 나니 조금 달라지더군. 마치 잊었던 기억이 갑자기 돌아오듯이, 시간 간격을 두고 뒤늦게 "아니야!"라고 혼자 소리치게 되었지. 황급히 이의제기를 하거나 항의를 하듯이 말이야. 하지만 당연히 그렇게 하지 않았어. 그러면 그저 즉각적인 반사운동처럼—좀더 심하게 이야기

53

하자면—화가 나거나 신경질이 날 때의 태도처럼 될 테니 말일세. 마치 원수를 만난 듯이 씩씩거릴 수도 있어. 바로 자네가 말하는 **무대**가 생겨나는 것이지. 이럴 때의 위험은 흥분의 도취 속에서 '어떤 짓'이든 할 수 있다는 거야. 너무도 '유아적인' 싸움이 오래도록 계속되는 것이지(우리 글을 읽는 첫번째 독자가 정신분석가들이라는 사실을 잊지 않고 있기 때문에 그 사람들 들으라고 방금 말했듯이 **무대**라는 용어도 써보고, 그들에게 익숙한 다른 표현들도 쓰는 거라네. 어쨌든 그 표현들을 보면서, 그들은 우리 사이에서 벌어지는 일이 무엇인지 알 수 있을 테지).

결국 나는 '응수réaction'하기로 선택했네—한 번 응수한다고 크게 달라질 것은 없지만 말이야. 어쨌든 이제 반론을 제기하겠네.

무엇에 대해 내가 아니라고 말하는 것일까? 핵심적으로는 두 개의 주장, 혹은 두 개의 명제에 대해서야. 〔자네가 애착을 갖고 강조하고 있다는 것은 잘 알지만, 내가 보기에 매우 이상한 것들은—이게 나의 개인적 취향에서 비롯된 거부 반응이라고 할지라도—잠시 다루지 않고 보류해 두겠네. 예를 들어서 입의 테마 같은 것 말이네. 만지는 입, 텍스트로서의 입 혹은 그 반대 등등. 이런 것들을 통해서 자네가 사유하고자 하는 것이 무엇인지는 알 것 같아. 거칠게 요약하자면, 일종의 절대적으로 원초적인 공간성이겠지. 간격으로서의 존재 그리고 존재자들의 구분 혹은 개별자로서의 실존 같은 것 말이야. 하지만 나라면 그렇게 말하지는 않을 것 같군. 더 정확하게 말한다면, 이렇게 이야기해도 될지 모르겠지만 몸의—'고상'하면서도, **꾸밈없는**—이러저러한 부분들을 '과장해서 강조하는 것'에 난 관심이 없네. 우리의 독자인 정신분석가들이 알아들었다는 듯, 아니 그저 알아들은 것만이 아니라는 듯이 웃겠군. 그런데 사실 난 좀 당황했네. 나는 한순간도 입이 혹은 몸의 어떤 부분이 개념이 될 수 있다고 생각해본 적이 없네. ('진실의 입'처럼) 비유적인 전용을 **남용**하는 경우는 제외하고 말이야. 그림이나 시, 영화 프레임의 주제나 대상이 될 때는 그럴 수 있지. '심문'의 주제나 대상이 될 수도 있고, 성적 환상은 말할 것도 없지. 나는 이 용어가 갖는 모든 의미에서 그 위험성을 걱정하는 많은 사람들 중의 하나이네. '신비주의적'인 수용을 할 때의 '접촉'이라는 모티프에 대해서도 나는 매우 민감한 편이네. 그렇게 쓸 수 있지, 하지만 그것을 철학적인 의미소로 만들지는 말자는 거야. 그러면 침이 흘러 끈적끈적한 더러운 것이 묻어날 테니까 말이네. 체험한 어떤 것에 대해서 지나치게 감정을 토로하고 공감을 표명하는 것, 이러한 표현주의적인 유약함(아마도 결국 문체의 문제이겠지만)이 사유 작업에 방해가 될지 모른다는 것이 내가 걱정하는 점이네. 감정 속에 쏟아붓지 말자는 거지. 입이란, 내가 받는 인상 속에서는, 감상적인 개념이야. 발화하다, 말하다 혹은 같은 계열의 **추상적인** 다른 단어들과 입이라는 단어는 달라. 말 나온 김에 계속해보지. **어떤 것**res이라는 단어가 괜히 쓸데없이 있는 게 아니라면, 추상적인 것이야말로 단어 안에 *res*가 들어 있는 단어인 구체성concrétude 그 자체, 현실 *réel*인 것이지.* 어떻게 추상성만을 가지고 말할 수 있냐고? 철학에서건 다른 영역에서건, 완전하고 흠잡을 데 없는—30년 전에는 '엄밀한'이라는 표현을 썼었지—절제가 필요하네. 도덕적인 훈계를 하려는 게 (절대) 아니야. 내가 어떻게 그럴 수 있겠나? 하지만 이 점을 힘주어 말하고 있다는 것을 숨기지는 않겠네. 자네가 지난번에 이 점에 대해서 말하지 않았지만 우리의 임무는 철저하게 **무신론자**가 되는 것이라고 나는 확신하네. 글쓰기, 즉 우리가 말하는 방식까지도—아니 무엇보다 먼저—말이네.]

내가 제기해보겠다고 했던 두 가지 반론으로 돌아가보겠네.

첫번째 반론은 해석과 닿아 있어. 결국 **미메시스**(라는 개념)에 대한 해석과 관련된 것이지. 아주 오래전부터 내가 '연구하고' 있는 문제이기도 해. 이 연구 과정에서 콜러 Kohler의 책 덕분에, 슐레겔Friedrich Schlegel이 '모방'이라는 라틴어 해석어(라틴어 *imitatio*, 독일어 Nachahmung)가 아니

---

*　프랑스어에서 é는 때로 es의 축약형이다. 그러므로 여기서 ré는 res와 같은 것이다.

라 Darstellung, 즉 제시, 현시라는 개념에 의해서 **미메시스**를 설명하려 했다는 사실을 알게 되었네. 우리는 이 작업의 이점을 알아차렸고, 무엇보다 이런 방식을 통해 슐레겔이 하려고 했던 것을 짐작할 수 있었네. 독일어 접두어 nach- 혹은 프랑스어 접두어 're-'가 복제와 사후성(예를 들어 '재생산reproduction'이라는 단어에서처럼)을 지시하고 의미할 때 이 접두어에 붙어 있는 부정적이고 경멸적인 가치를 환기시키고자 했던 거지. 그런데 이것은 우리가 논하고 있는 '재현représentation'과는 다른 경우야. 비록 아무도 기억하지도 알아보지도 못하지만, 재현이라는 단어에서 're'는 여전히 유효한 옛 단어에서의 뜻을 지니고 있다네. 그래서 '재–현하다re-présenter'는 '두번째로 다시 제시하다'가 아니라 '현재형으로 만들다'라는 뜻이 되지. 바로 그렇기 때문에 독일어 Darstellung을 현시를 의미하는 프랑스어 'présentation'이라고 번역하는 것이 틀리지 않았다는 거야. 한마디로 말해서 그리스어의 의성어적 표현에서 비롯되었다는 mimer-라는 어휘소는 복사하다(다시 하다, 다시 만들다)를 뜻하는 게 아니라는 거지. '미메'는 다시 만드는 것이 아니라 차라리 그냥 만드는 것, 그냥 하는 것이야. 어떤 것을 현재형으로 '만들다.' 그런데 무엇을 만드는 것일까? 바로 이것이 문제이고, 이 때문에 나도 주저하고 있네. 내가 할 수 있는 만큼만 말해보겠네. 나는 우리가 "일반화된 비현시의 시대로" 들어섰다고 자네가 말한 이유를 모르겠어. 마찬가지로 어떤 무대, 어떤 유형의 형상성에 대해 우리가 갖는 의심이 어째서 현시할 수 없는 것에 대한 막연한 신비주의적 숭상이라고 매도되는지도 모르겠네. 게다가 이것이 후기 플라톤주의(혹은 반反플라톤주의)의 영향을 받거나 아리스토텔레스를 오독하는 사유의 영향을 받은 것이라니.

간단히 말하자면, 이건 분명 억지스럽기는 하지만, 그럼에도 불구하고 현시에 대해 말할 때 사람들은 그렇게 억지스럽게 말하지. 그리스인들(플라톤)로부터 오늘날(헤겔과 그의 후계자들)에 이르기까지 '미학과 예술이론 전체'를 지배하는 '그 놀라운 운명'을 재검토하기 위해 하이데거가 1930년대에 말하고자 했던 것도 바로 그런 것이었네. "하나의 형태를 갖는 감각적 질료 속에 초감각적인 것을 현시한다"는 의미에서라면, 예술은 어떤 것도 현시하지 않는다는 게 하이데거의 생각이었지. 그렇지 않고 예술이 무엇인가를 현시한다면, 현전이 여기에 있다il y a라는 것 그것만을 현시하는 것이지.『예술작품의 근원L'Origine de l'oeuvre d'art』의 한 구절을 인용해보겠네. "예술작품은 결코 어떤 것도 현시하지 않는다. 그것은 현시할 것이 아무것도 없다는 매우 간단한 이유 때문이다. 무엇보다 열림 속으로 들어서는 것을 처음으로 창조한 것이 바로 예술작품 자신이기 때문이다." 달리 말하면, 예술은 오직 이것Dassheit의 현시, 즉 완전히 역설적인 현시(셸링Friedrich

W. Schelling이 생각한 불가능의 가능성)라는 거지. 이것은 어딘지 모를 비현시적인 것, 미지의 어떤 것이 아니라, 눈앞에 있는 것의 현전으로서만 현시된다는 것이지. (이렇게 정리하는 것에 자네도 동의해준다고 생각하겠네.) 미메시스에 대한 바로 이러한 해석을 나는 '극단주의'적이라고 평가하네. 이러한 해석은 아마도 『자연학*Physique*』 2권에서 피지시스Physissis와 테크네tekhné의 관계에 대한 아리스토텔레스의 이러저러한 일반론적 논거들에 근거하겠지. 하지만 절대로 『시학』에 근거하는 것은 아니네. 게다가 이러한 해석은 예술에 대해—예술작품에 대해—그리고 예술가들이 행하는 바 혹은 행하고자 하는 바에 대해 별다른 것을 말해주지 못하고 있어(반 고흐Vincent van Gogh에 대한 하이데거의 해석은 실망스럽지. 연극에 대한 그의 무지에 대해서는 굳이 말하지 않겠네. 그저 우리 주제에 머물러 있도록 하세). 이러한 해석이 내세우는 것이라고는, 만일 우리에게 예술(테크네)이 없다면, 만일 이 은총(카리스*kharis*)이 우리에게 주어지지 않았다면, 우리 주변에는 어떤 것도 현전하지 못할 것이며, 심지어 우리가 우리 자신에게—혹은 우리 자신에 대해서—엄청나게 먼 거리에서는(그리고 엄청나게 가까운 거리에서는) 현전할 수 없으리라는 것이네. 좀 지나치지. 하지만 그렇다고 해서 '존재' 혹은 '물자체' 혹은 '의미'와 '진리'가 비현시적이라는 것은 아니야. 이러한 것들은 정의상 현시할 수 없는 것이지. 이들은 현

시되지 않은 채로 남아 있어. 하지만 존재자들과 사물들과 언어와 사유가—끊임없이 현시되며—여기에 있다는 것은 자명하지. 이것이 하이데거가 '세계'라 부르는 것이야. 그가 이 단어에 부여한 정치-역사적 함의(하이데거는 언어들, 신화들, 신들, 민족들에 따라 이 단어를 복수로 사용하지)를 내가 반박하고 있다 하더라도 내가 그에게 근본적으로 동의하지 않는다고는 말할 수 없어. 분명 세계라는 것이 여기에 있어. 거기에 동의하네. 세계 그리고 예술이, 현시가 아무것도 아닌 것은 분명 아니야. 한마디로 말해보면 이렇겠군. 인간은 현시하는 존재자이다. 그러므로 결국 존재하도록 만들어내는 자인 것이지. 예술가에게 은총이!

그럼 또 이야기를 이어가 보도록 하세. 사람들은 **미메시스**(여전히 현시라는 의미에서)라는 단어를 단순히 흉내 내기라고 받아들이지. 가장하는 것, '마치 ~인 척'하는 것 등, 자네도 이런 의미를 지닌 단어들을 다 알고 있지 않은가. 연극은 결국 그런 것이지. 그리고 솔직히 나는 바로 이것이 아리스토텔레스가 『시학』에서 말하려고 한 것이라고 생각하네. 이것을 지시하기 위해, 그러니까 이를 번역하기 위해서, 주네트 **Gérard Genette**는 '허구fiction'라는 단어를 제시했지. 내가 이 단어를 좀 거북해하는 이유는 이런 것이네. 허구라는 단어를 현재형으로 실재하지 않는 것으로 이해할 때는 이 단어의 사용이 적절해. 오이디푸스 이야기, 쥘리앵 소렐 이야기, 올랭피

아의 몸, '아폴론의 반신상.' 심지어 십자가에 못 박힌 예수상까지. 이것들은 가시적으로 존재하는 것이네. 그렇지만 비현시적인 것을 지시하지는 않지(아마 예수의 경우는 보류해야겠군. 십자가에 못 박혔건 아니건 간에 말이네). 그렇지만 그것을 혼동해서는 안 되지. 그렇게 해야만 우리가 예술에서 기쁨을 얻을 수 있는 것이라네. 무대나 책(서술), 그림이나 '석공예'는 그것들이 현시하는 바를 현실로 만들지 않아. 다시 말해서 현전으로부터 현시하고자 하는 것을 제거해버리지. 여기서 (절대적으로) 역설적인 현시 개념을 다시 만나게 되는데 이번에는 비현시적인 것을 가정하지 않는다는 점에서 더욱 역설적이야. (기독교 신학의 경우는 제외하도록 하지. 기독교 신학에서 무-한이라고 여겨지는 신을 '유한화'하는 것은 비현시적인 것을 현시하고자 하는 지나친 욕망 때문이 아닌가 염려되네.) 전통적으로는 **테크네**를 '잉여'라고 여기지. 말라르메가 말하듯이—그리고 또 그렇게 말하길 거부하듯이—사람들이 자연에 '덧붙이는' 것이지. 난 그것이 거꾸로가 아닌가 하는, 그리하여 모든 것이 다 바뀌어야 하지 않을까 하는 의구심이 드네. 그것은 특히 우리 모두가 잘 알지도 못하면서 예술과 기술을 아무렇게나 구분한 것의 엄청난 결과이지. 지난번에 원-연극, 시각효과적이지 않은 것, 절제 등등의 용어로 말하려고 했던 것들은 뺄셈의 이론 혹은 더 정확하게 말하면 **제한의**réserve 이론에 속한다고 할 수 있어. 예술은 현존재자들의 총합인 자연에 제한을 두지—그렇게 함으로써 예술은 현시를 현시하는 것이네.

물론, '현시를 말한다'라는 것이 말하는 것은—혹은 방금 말하고자 했던 것은—현시란 아직(혹은 이미) 현시되지 않은 어떤 것의 현시라는 것이네. 혹은 여기저기에 가시적으로 존재하는 것présent이지만 다시 한번 더 제시해서 보여주는 것présenter을 말하지. 바로 이 두 가지를 혼동하는 것에서 미메시스에 대한 엄청난 오해가 시작되지. 현대 예술의 모험 전체가 계속해서 보여주고 있듯이, 두 가지는 결코 혼동해서는 안 되는 것이네. 예술은 실제적으로 이미 현시된 것 혹은 잠재적으로 현시 가능한 것을 현시하는 것이 결코 아니야. 예술은 가시적으로 존재하는 것 혹은 거기에 속한다고 여겨지는 것의 영역 밑을 깊이 파고 들어가서야 비로소 현시를 만들어내지. 그리고 이와 같은 이유로 나는 형상의 필요성에 대한 자네 의견에 동의하지 않는 것이네. 이것이 내 두번째 반론이기도 하지. 차근차근 하나씩 접근해보도록 하세.

우선 첫째로 무대가 필연적으로 형상을 만들어낸다는 것에 수긍할 수가 없네. 반대로 모든 형상이 '무대 효과'의 결과물이라는 것도 받아들일 수 없어. 그래도 이 개념의 확장에 대해 서로 합의를 보고, 그 은유적(지나치게 자주 남용되지만) 사용 용례를 규정해야 할 것 같군. 나는 극장이 아닌 곳에서는 무대가 없기를 원하네. 관객 혹은 넓게 말해서 수용자들과 관계자들을 구분해주는 장치가 있는 곳을 무대라고 부르기를 원하는 거야. 나는 또한 허구의(혹은 가짜) 행위들 혹은 그렇다고 여겨지는 행위들이 만들어지는 모든 장소를 무대라 부르기를 원하네. 예를 들어 "세상이라는 극장"이라고 사람들이 말하지. 하지만 이렇게 되면 이야기가 점점 더 복잡해지지. 그래서 우리가 지금 논의하는 중대한 문제를 (나는 정말 진심으로 말하는 것이네) 보다 엄밀하게 다루기를 원한다면, 다시 한번 반복하지만 무대를 허구적인 생산물에만 한정된 장소로 정의해야 한다고 생각해. 이런 의미에서는 '정치적인 무대' 혹은 '정치 무대'라는 표현이 가능하지(이 경우에도 여전히 내가 앞서 이야기했던 이유로 나는 '스펙타클'이라는 용어를 더 선호하네). 하지만 몇 년 전에 사람들이 많이 사용하던 '분석 무대'라는 표현은 가능하지 않은 것 같군. 또한 리오타르Jean-François Lyotard식의 용어인 '비현실화된déréalisé' 장소라고 해서 모두 무대가 되는 것은 아니야. 왜냐하면 무대는 (허구적인) 행위를 수용해야 혹은 수용할 수 있어야 하기 때문이지. 미술관은 무대가 아니네. 퍼포먼스 공연을 미술관에서 허용하는 경우를 제외한다면 말이야.

형상에 대해서도 마찬가지네. 비록 문제가 정반대되는 것이기는 하지만 말이야. 적어도 우리의 맥락 속에서 형상은 허구 속의 존재를 지칭하는 단어이지. 그런데 이 단어를 철학적인 맥락에서 사용할 때는 훨씬 더 제한적으로 사용하기 때문에, 프랑스어(라틴어)나 독일어(하지만 독일어에서는 Gestalt가 항상 라틴어 *figura*의 동의어로 여겨져왔지)에서는 의미론적인 화음*이 조화롭게 울려퍼지고 있지. 물론 형상을 허구 속의 존재라 부를 때는 매우 넓고 추상적인 의미지(내가 말하고자 했던 것은 프랑스어 figure가 항상 반드시 '인물'을 지시하지는 않는다는 점이네. 이 단어가 지칭하는 것이 인물이 아니거나 인물이 아닌 것 같아 보일 때도 있는데, 예를 들어서 헤겔의 불행한 의식은, 사실 인물이라기보다는 준-인물이라 할 수 있지). 차라리 프랑스어 figure는 이런 뜻을 갖고 있네. 1) 자신 속에 하나의 의미(예를 들어 한 시대의 의미)를 상징적인 방식으로 응축하고, 나아가 구현하는 것. 2) 의미의 상징적인 응축에 의해서 사람들의 행동거지를 계도하고 지도하는 임무를 지녔다고 여겨지는 것. 이런 의미에서 figure라는 단어는 어떤 훌륭한 자질(아킬레스의 장수로서의 용기, 페넬로페의 정절)을 구현하는 신화적 영웅을 나타내지. 이런 의미에서 그리스도 역시 절대적인 형상, 다시 말해 형상으로서의 신이지. 이제 자네는 내가 무슨 말을 하려는지 알 수 있을 거야. 어떻게 이와 같은 조건 속에서, 자네가 말하듯이, 형상의 **내부에서** 식별해낼 수 있을까? 이것이 내가 깊이 고심하

---

*   라쿠-라바르트는 낭시가 앞서 사용한 페르-소난스(p. 45)라는 단어를 다시 환기시키기 위해 résonner(울리다)라는 단어를 일부러 사용하고 있다.

64

는 바이네. 자네처럼 사람들이 형상의 필연성에 찬동한다면, 어떻게 이 모든 신화적인 요소들을, 다시 말해서 종교를—내게는 신화적인 것과 종교는 같은 것이네—피할 수 있을까? 우상을 만들어낼 위험에 빠졌던, 그리고 우상 만들기를 강요받았던 근대인은 모두 이를 피할 수 없었어. 무신론을 내세운 경우도 마찬가지였지. 니체Friedrich Nietzsche(차라투스트라), 프로이트Sigmund Freud(오이디푸스), 마르크스Karl Marx(프롤레타리아), 윙거Ernst Jünger(노동자), 그리고 그 후계자들도 이를 피해가지는 못했어. 다시 한번 말하지만, 나는 도덕적인 훈계를 하려는 것이 아니라네. '무신론적 도덕'을 설파하려는 것은 더욱더 아니야. 그럼에도 불구하고 이런 질문을 던져야만 하겠군. 윤리와 정치를 종교(종교적인 것)와 더불어 사유할 때 우리는 무엇을 해야 할까? 자네는 '거부'하는 것이 내 천성적인 기질이라는 것을 잘 알 거야. 그렇다고 해서 이렇게 거부하는 태도도 분명 '받아써진 것'이라는 점을 내가 모르는 바는 아니야. 글로 쓴 것 중에서 종교적인 것을 발산하지 않는 것은 없으니까. 다른 한편으로는 거부함으로써 문제를 해결할 수 없다는 것도 너무도 잘 알고 있네. 우리가 함께 논의해보고 싶은 질문이 있어. 하지만 그것을 위해서는 책 한 권의 분량이 필요할 것 같군. 적어도 지금 우리의 지면보다는 더 많은 공간이 필요할 거야. 비록 내가 강박적으로 몰두하는 나 자신의 문제이기는 하지만, 이 질문이야말로 진정한 질문이지. 우리에게 종교적이지 않은—혹은, 이제 더 이상 종교적이지 않은—실천이 가능한 것일까?

내가 여기서 두 가지 반론을 제시하고 이런 질문을 하는 것은, 그 이외에는 답신 속에서 자네가 제기하고 환기한 바에 대부분 동의하기 때문이네. 거기에는, 아마도 자네가 놀라겠지만, 절제에 대한 것도 포함되네. 쓸데없이 편지를 길게 하고 싶지 않고, 서신 교환을 지루하게 만들고 싶지 않은 것도 절제니까. 그래도 우리가 많은 진전을 이룬 것 같군. 다뤄야 할 하나의 주제는 설정된 것 같아. 이 정도면 이미 그리 나쁘지 않은 거지. 자네가 그 주제를 논의하기에 딱 맞는 어구를 찾을 수 있으리라고 믿겠네. **다음에 보세.**

친애하는 필립,

물론, 의견 대립이 있지, 그것도 적지 않은 의견 대립이. 그리
새로운 일도 아니야. 하지만 바로 그 의견 대립이 우리 사이
에서 펼쳐졌던 모든 무대를 만들어냈던 것이네. 자네도 알다
시피 특히 문학과 정치적 판단의 영역에서 의견 대립이 더했
었지. 그리고 바로 그 의견 대립을 통해서 아리스토텔레스의
옵시스에 대한 질문이 안착되고 단단한 결정체가 형성되는
지점을 찾아냈지. 하지만 흥미롭게도 우리가 이 결정체를 더
키워보려고 하면, 결정체는 분해되며 녹아버리기 시작했어.
자네의 지난번 편지가 그것을 입증하네. 그것 역시도 다소 광
범위한 철학적 동의라는 차원과 미학적 의견 대립이라고 부
를 수 있는 차원, 이 두 개의 차원 사이에서는 새로운 것이 아
니네. 그렇기 때문에 나는 의견 대립이라기보다는 차라리 불
화dissentiment*라고 말하겠네(더 강한 의미로 들릴 수도 있어.
그렇다면 인식과 감정의 불일치라고 해두세).

　　미리 말해둬야 할 게 있네. 이론적 판단에서는 동의하지

*　　　　낭시는 이성의 논리와 감각을 분리시키고 싶어 하지 않는다. 이
　　　　　때문에 여기서도 느낌, 감정을 의미하는 sentiment이라는 단어가
　　　　　섞인 dissentiment이라는 단어를 선택한 것으로 보인다.

만 취향적 판단에서는 불일치가 있다는 것은, 이 두 차원에서의 완전한 이질성을 경솔하게 받아들이지 않고 끝까지 가본다면 **이론적 동의의 영역에서도 아직 뭔가가 부족하다**는 것을 의미한다는 거야. 그렇다고 동의가 전혀 없다는 것은 아니네. 절대 그렇지 않아. 어느 정도 의미와 효력이 있지—여기서 도출되고, 한 차원에서 다른 차원으로 순환되는 문제점은 조금 후에 다시 이야기해보겠네. 하지만 이론적으로 동의되었다라고 말하기에는 분명 한 획의 붓질이, 한 번의 터치, 즉 접촉이 부족하다는 거지. 그것은 '완전하게'(개념적인 차원에서 어떤 의미로는 완전하다고 할 수도 있지만) 되기 위해서가 아니라 그저 그렇게 **발화되기** 위해서도 아직 부족하다는 거지. 달리 말하면, 적절한 '문체style'에 담아 '감동pathos'적으로 우리의 이론적 동의를 **연출**mise en scène 혹은 '극화dramatisation'하는 노력이 부족하다는 것이네. 나는 이와 같은 무대화, 극화의 문제가 자네가 그 긴 괄호 속에서 환기한 단순한 '개인적 취향idiosyncrasie'의 문제와 혼동되지 않기를 바라네. 그렇게 되면 '개인성idio-'과 관련된 일반적인 문제들이 분명히 우리의 논의 주제 속에 포함되어버리기 때문이지. 그런데 '개인성'의 문제들은 이미 우리의 논의 주제 속에 포함되고 말았군. 그것도 가장 중요한 것처럼 말이네. 자네 답변의 핵심을 드러내고 있는 25줄*에 달하는 긴 괄호 속의 문장들이 그것을 입증하고 있지.

우리의 논의 주제를 요약하는 가장 간결한 어구를 제시하라 한다면, 이디옵시스idiopsis**라고 말하겠네. 이것은 '자기만의 방식으로 보다voir en propre'와 '세밀하게 보다proprement voir'를 모두 포함하는 것이지('보다'는 '만지다' 혹은 '만져지다'로 이해될 수 있고, '고유한propre'이라는 단어는 하이데거의 Er-Enteignis***에서 피곤하리만큼 복잡한 변이들을 만들어낸다는 것을 우리는 알고 있지). 논의 주제를 요약하는 문구를 한 가지 더 제시하라면 '현시하다présenter,' 아니 더 정확하게는 '어떻게' 현시하는가의 문제라 할 수 있네. 다시 말하면, 어떻게 하면 현시자가 현시 속에서 그 **자신으로** 존재하지 않을 수 있을까? 또한 현시자는 현시가 없을 때 자기 자신일 수 있을까?

---

*　　라쿠-라바르트의 앞선 편지 중 pp. 54~56의 괄호 부분을 지시하고 있다. 이 구문은 우리가 참조한 프랑스어 판본에서는 46줄에 달하고 이 번역 판본에서는 42줄이지만 이 글이 최초 수록된 『신정신분석지』(1992)에서는 25줄이었다.

**　　낭시는 라쿠-라바르트가 제시한 '개인적 취향'이라는 단어로부터 다시 idio-를 취하여 논의의 중심이 되는 opsis의 문제와 연결하여 idiopsis라는 단어를 제시한다. 그리스어로 idios는 '고유한' '개별적인'이라는 뜻을 가지며 이는 프랑스어로 propre다. opsis가 시각optique과 관련되는 것이므로 idio와 opsis의 결합어인 idiopsis는 기본적으로 개인적 시각이라는 의미를 갖는다.

***　　Ereignis(체험, 일어난 일)와 Enteignis(자기 것으로 삼지 않기)의 결합어. 다시 말해서 자기를 벗어남으로써 체험하는 것, 자신의 체험이지만 자신은 스스로 그 속에서 배제하는 것을 일컫는다.

너무 많은 질문들이 계속 이어질 수 있으니 여기서 멈추세. 그리고 이제 똑같이 중요하지만 훨씬 간단한 문제, 즉 우리의 불화에 대해 이야기해보세. 15년 전이 아니라(15년 전에도 불화는 있었지. 그 시절 우리의 공동 저작들에서나 각자의 저작들 속에서 불화는 눈에 보이는 것이었고 만져질 수 있는 것이었네. 하지만 우리는 불화를 축소하려 노력했어. 불화를 '단순한' 취향과 색깔의 다툼으로 만들려고 했지—또한 그렇기도 했지만 그럼에도 불구하고 몇 마디 덧붙여 이야기해보는 것은, 사실 이것이 엄청나게 복잡하고 까다로운 문제의 일부를 이루기 때문이네) 오늘, 마치 우연인 것처럼 우리의 불화가 이야기된다는 사실은 스타일의 문제가, 시대의 여러 다른 특성 중에서도 오늘날 가장 첨예한 주제임을 증명해주는 것이지. 내가 **스타일**이라고 말할 때, 이것은 분명 보르헤스**Jorge Luis Borges**가 "스타일이라는 단어의 청각적-장식적 수용"에 대해서 신랄하게 조롱할 때의 의미를 지니고 있네. 보르헤스가 했던 이 말을 내 말처럼 써오다 보니 그가 어디서 했던 말인지도 이젠 기억나지 않는군.* 한마디로, '스타일'은 '어떻게' 현시할 것인가라는 질문과 '동일한 실체성을 갖는 것consubstantiel'이라고 말할 수 있지. 이에 대해서는 자네가 동의한다고 생각하겠네. 하지만 우리가 불화를 겪는 것은 바로

---

*   보르헤스의 1932년 평론집 『토론Discusión』에 나오는 구절이다.

그 '어떻게'에 대해서지. 그리고 그 결과 '동질성'의 양태에 대해서도 의견이 다르지. 또한 그렇기 때문에 결국에는 문제의 '실체substance' '물자체' '쟁점'에서 불화를 겪게 되었어. **그렇지만 동일한** 것이 문제가 되고 있다는 사실에 우리가 동의하고 있다는 것 또한 의심할 여지가 없지. 그러므로 이것의 동일성mêmeté, 동일성의 양태를 면밀히 살펴야 한다는 것 또한 의심할 여지가 없는 것이네. 내가 여기서 은밀한 변증법적 용해제를 슬쩍 집어넣지 않더라도, 불화도 동일성의 일부라는 것 또한 분명한 사실이지.

오늘날 토론이 부족하다고 할 때, 자네가 말했듯이, 이와 같은 방식으로 접근해본 '스타일'에 관한 토론이 정말 부족한 것 같네. 스타일에 관한 토론은 현대 미술이나 사람들이 성급하게 '문화'라고 명명한 분야에서만 관심을 갖는 아주 지엽적인 대립에 한정되어버렸지. 문학평론이나 예술평론을 한번쭉 살펴보는 것만으로도 스타일에 관해서 논의되는 쟁점이 전혀 없으며 혹여 있다고 해도 별로 중요한 위치를 차지하지 않는다는 것을 충분히 알 수 있지.

그런데 철학에서도 마찬가지야. 가장 눈에 띄는 최근의 경향들은 철학의 본질을 망각해버렸네. 그래, '망각'했어. 특히 사르트르Jean-Paul Sartre 이후의 철학적 발견들에서는 분명히 스타일의 문제가 망각되었네(사르트르 이후라고 말할 때 나는 어떤 빈정거림도 없이 말하는 것이라네. 그저 하나

71

의 철학사적 운동인 것이지. 사르트르는 '문학'에 열광했지만, 그 문학을 지금 우리가 '현시' 혹은 '무대'라고 명명하는 것과는 다른 것에 고집스럽게 복속시키려고 했던 것이 우연은 아니야. 사르트르의 연극은, 사르트르의 연극이 있다는 **사실** 자체는, 그것만으로도 자네가 말한 것처럼 우리가 반드시 시간을 내서 써야 하는 책의 한 부분을 이룰 작업일 것 같군). 이름만 열거해보지. 블랑쇼Maurice Blanchot, 바르트Roland Barthes, 데리다Jacques Derrida, 들뢰즈Gilles Deleuze, 라캉Jacques Lacan 등이 스타일의 문제를 다루었지. 하지만 이와 같은 철학적인 복권(**정치적 의미에서**)의 노력에도 불구하고 나아진 것이 거의 없어.

잠시 이야기를 끊어보세. 불화에 대해 다시 이야기하기 이전에 먼저 우리가 동의하는 단어들에 대해서 조금 더 자세히 다뤄보고 싶군.

그래. 현시, 존재의 현시 혹은 차라리 현시로서의 존재가 그 단어들이지. 다시 말해 현시 속에 있는 존재의 **의미**sens로서의 **실존** 말이네. "일반화된 비현시의 시대"라는 주제에 대해 내가 자네를 잘 이해시키지 못한 것 같군. 내가 말하고자 한 것은 '비현시'에 대한 담론이 한 시대를 특징짓는데, ('포스트모던'이라고 스스로를 지칭하는) 이 시대는 바로 그렇기 때문에 전도된 방식으로 '그 무엇의 현시'에 여전히 매여 있게 된다는 이야기야(굳이 포스트모던이라는 것을 이해하고

자 한다면, '철학의 종말'이라는 용어가 가리키는 역사의 이동, 운동을 나타내는 것이지). 하지만 '~의 현시'란 존재하지 않네. 다만 '현전présence 속으로 옴'이 있는 것이지—바로 이것, 즉 여기에 있다라는 프랑스어 표현인 *il y a*가 중요한 것이네.* 다른 말로 하면 일종의 항구적인 동작의 개시, 되풀이되는 시작, '현전'의 차연différance이지. 하지만 나는 요즘 '현전 속으로 옴'이라는 표현을 점점 더 자주 쓰고 있네('단어도 아니고 개념도 아닌' 데리다의 차연은 여기서 해결책이라기보다는 그 어떤 것보다 더 열려 있는 작업 프로그램으로서 제기되는 것이지).

결국 자네가 **원**-연극에 대해 말하면서 환기한 것과 결코 다르지 않네. 일반적으로 '원초적'이라고 말해지는 것들, 혹은 기원이나 근본 같은 것들은 자기 자신의 반복 속에서만, 자기 자신의 반복으로부터만 **발생**한다는 것을 말해주는 것이지. 독일어 Ur-teil**도 마찬가지네. 이는 자신을 분할하는 결심인데 이런 것은 어디에서도 발생하지 않지. 태초의 일자—者에

*   il y a의 주어 il은 비인칭이며 지시 대상이 불분명하다. 이는 낭시의 용례 속에서는 정신분석에서 즐겨 사용하는 용어인 그것ça과 유사하다. il y a의 뒤에 오는 명사를 통해서 무엇이 있음이 지정된다. 그러므로 비어 있으나 항상 다른 것에 의해 채워짐으로써만 있음의 의미가 완성된다는 의미에서 현전 속으로 옴이라고 표현하는 것이다.

**   Urteil은 결심, 판단을 의미하는데 이 단어를 조합하는 부분들로 나누어 살펴보면 Ur는 근원을 Teil은 전체의 일부를 가리킨다.

게서도 발생하지 않는 것이네(아마도 바로 여기에 우리를 나누는 간격이 있는 것 같군. 이상주의에 대한, 그리고 이런 의미에서는 '철학'에 대한 절대적인 거리 말일세). 그런데 이런 결정은 우발적으로 생겨나며, 자기도 모르게 이루어지지. (그러므로 이런 모티프들에 대해서 예측해본다면, 여기서는 어떤 종교적인 것도 가능하지 않아. 자네가 말한 '무신론'이 **본질적으로는** 이런 것이지. 그런 의미에서 자네가 믿고(!) 있는 것보다 훨씬 더 종교로부터 멀리 벗어나 있는(!!) 나에게 자네가 왜 그렇게 설교(!!!)를 하고 싶어 하는지 이해할 수가 없군.)

이에 대해서 다른 방식으로 한 번 더 말해보겠네. '이데아의 감각적 현시'라는 정의 외에 예술에 대한 쓸 만한 정의가 현재까지는 달리 없는 듯하지만, 이 정의는 **이데아는 자신의 현시 속에서 사라진다**는 구문을 덧붙인다는 조건하에서만 유효하네. 실상 이 모든 것을 최초로 발견해낸 것이 자기 자신이었다는 것을 헤겔은 알지 못했지(칸트는 아직은 어쨌든 이로부터 꽤나 멀리 떨어져 있지). 이데아의 물러남이 헤겔에게는 본질적인 것이었어. 그리하여 '이상주의' 그 자체를 내적으로 제한하는 '미학' 혹은 이상주의와 본래적으로 '간격'이 있는 미학이 있게 되는 것이지. 그것이 바로 몸이네. 혹은 자네가 원한다면(원하지 않는다 해도), '무대' '원'-무대이지.

자네 편지 속에서 내가 들춰 이야기하고 싶은 것이 하

나 더 있어. '무대'라는 표현을 일반적으로 사용하는 것에 대한 자네의 불신 말일세. 자네가 맞아. 하지만 자네 스스로 자가당착에 빠져서는 안 되지. 미메시스가 바로 '현시'라고 정의하는 것이 옳다면(그런데 자네는 '모방imitation'의 문제를 제외시켜버렸음에도 불구하고, 왜 그런지 설명도 없이 다시 이 단어를 사용하는데, 내 생각에 그 속에는 원래의 것을 복제하기/원래의 것과 간격 두기라는 뜻 모두가 들어 있네), 그것은 여기에 무대라는 것이, 무대미술이라는 것이 혹은 원래 본래적인 '무대장치scènerie'라는 것이 있기 때문이지. 그러나 실존의 여러 방식의 발현체들 모두를 하나의 형태로 무대에서 드러내지는 못해. 반대로 무대는 분할되고, 여러 개의 무대들로 배분될 수도 있지(예를 들어 정치 무대도 가능하지. 나는 자네가 왜 정치와 스펙타클 사이에 경계선을 그으려 하는지 모르겠네. 정신분석도 마찬가지야. 자네가 왜 정신분석을 무대로 정의하기를 거부하는지 모르겠어)—그것들 속에서 말 그대로 '무대적인 것'을 특별히 보여주는 자리가 있다면, 그것이 바로 극장이네.

이런 방식으로 일단 연극의 필연성 자체에 대해 역설하기 시작했으니, 편지에서 자네가 지적한 것보다 더 많은 것을 주장해야겠어. 극 텍스트를 정의하게 하는 극 텍스트만의 고유 장치를 극 텍스트에서 가장 눈에 잘 띄는 (비)통사적 방식을 사용해서 한번 분석해보겠네. 물론 그것을 여기서 우리가 제대로 해낼 수 있을 것 같지는 않지만 말일세. 아무튼 이런 텍스트로 제시될 수 있겠군.

필립
잠시 발표présentation를 멈추도록 하세.
이제 알겠네. 장-뤽. 세부 설명이 부족했군.

등장인물 이름의 위치에 대해서 우리가 편지 속에서 이야기했는지 모르겠지만, 내가 보기에 등장인물 이름의 위치는 플라톤적인 도식*을 복잡하게 만드는 것 같아. 왜냐하면 미메시스는, 플라톤적인 의미로는, 이름 이후에만 시작되는 것이기 때문이야. 그런데 발화자 이름의 '비통사적' 위치는 무대에서 사라지게 되지. 왜냐하면 무대에는 발화자가 존재하니까 말이네. 다시 한번 확인하게 되는군. 공간과 몸, 움직임 속에서 얼굴이 없는 몸. 여기에서 난 연극적 글쓰기에 대해 훨씬 더 많은 이야기를 해보고 싶네. 가장 정확한 의미에서의 '연극적인' 글쓰기를 만들어내는 것에 대해서 말이네. 다음 기회에 이야기해보도록 하세.

그러면 다시 불화에 대한 이야기로 되돌아가 보세. 불화의 첫 항목이 형상에 대한 것이었지. 형상은 내겐 좀 거북한

---

*　서술적 모방인 diégèsis가 아닌 극적 모방으로서의 mimèsis는 직접화법인 대화체로 이루어진다.

76

단어야. 왜냐하면 이 단어는 필연적으로 자네가 말한 것, 즉 신, 영웅 혹은 신화와 관계되기 때문이네. 그럼에도 불구하고 내가 이 단어를 사용하는 이유는, 이미 자네에게 말한 적이 있듯이, **무대 위에서 그리고 무대로부터 스스로 자신을 도려내는 것**을 지칭하기 위한 다른 단어를 찾을 수가 없기 때문이네. 그런데 형상을 거부하는 것이야말로(자네는 형상 자체를 거부하는 것과 이러저러한 형상들을 구분하는 것 사이에서 계속해서 망설이고 있지…) 내가 보기에는 아주 정확하게, 내게 숨겨져 있지만 드러날 수밖에 없다고 자네가 의심하는 바, 즉 비현시적인 것을 향한 종교를, 그것을 향한 일종의 도취를 받아들이는 것이라 할 수 있어. 이 도취감은 준엄하고 엄밀한 (어쨌거나) 도덕적 용어로 표현하자면 조화로운 것이라 하겠지만, 나라면 감미롭고 그윽한, 어쨌든 말로 표현할 수 없는 상승의 전율을 가로지르는 것이라고 말하겠네. "사람은 항상 자기 말고 다른 사람이 너무도 종교적이라고 생각한다"라는 표현은 매우 계시적(이 경우에 이렇게 말하는 것이겠지?)인 것 같군. 지금으로서는 이렇게 말하겠네. 종교는 형상에 대한 공감(기분이 가라앉는 것이든, 상승하는 것이든 간에)이며 형상과 스스로를 동일시하면서 그것을 소비하는 것이라고 말이네. 그렇게 함으로써 모든 개별적 형상figure은 대문자로서의 형상Figure이 되며, 이때 기원과의 간격이 사라지지. 자네가 '무신론'이라 지칭한 것은 (무신론이라는 단어는 불필요하게 응수적인 단어이군. 하지만 근본주의의 정치적인 위협에도 불구하고 우리는 더 이상 무신론의 시대에 있지 않아. 내가 근본주의의 정치적 위협을 가볍게 보는 것은 아니네. 신들은, 사실 이제 그 자리들les lieux만이 남아 있지. 하지만 그 자리들은 **그들의** 잔여물이 아니네. 어딘가에 있을 그리고 그 어디에도 없는, 바로 그들 자신이 남아 있는 것이지. 두려워하지는 말아) 자유롭게 형상들의 선*(글, 도식, 그림, 외형, 스타일)을 그리는 것이지. 이 지점에서 복원해야 하는 것은 '자유롭게' '흔적의 선'을 그리는 일인 것 같군…

여기서 내 맘에 걸리는 한 가지를 더 말해야겠어. 예술은 한 번도 종교적인 적이 없었네. 예술은, 그것을 도구로서 사용한 종교들 속에서 항상 종교성 그 자체를 은밀히 벗어나는 부분이었다네. 하지만 여기서 더 길게 말하기는 힘들군.

불화의 두번째 항목 이야기를 해보세. 이번에는 순전히 미학적인 항목이지. (취향에 대한) 자네의 반감에 관한 항목이야. 여기에서 **이디옵시스**에 대한 문제들을 모두 다시 다루어야 할 것 같군. 동시에 필연적인 다양성, 나아가 여러 다른 취향들과 스타일들의 필연적인 부조화와 불화의 문제도 다시 다루어야겠어. 그렇다고 주관주의의 표지를 통해서 그것

---

*   프랑스어로 trace는 흔적, tracement은 선이다. 낭시는 tracement이라는 단어를 사용함으로써 선이라는 단어가 원래 흔적으로부터 왔음을 상기시키고 있다.

을 생각해보려는 건 아니야. 자네가 스치듯 언급한 규범성에 대해 다루려는 것도 아니네. 차라리 우리가 생각해보려는 것은 이런 것들이지. 무대적이고 형상적인 간격espacement은 장르들 간의 간격 그리고 스타일들 간의 간격을 (또한 감지하는 **감각**들의 간격에 따라서 예술 장르들 간의 간격을) 만들어낸다는 것 말일세. 이러한 간격은 각각의 간격들이 발현하는 때를 지니고 있으며, 다변하는 각각의 형상을 가지고 있고, 각각의 계기들, 각각이 도약하는 순간과 서로 간의 단절을 가지고 있지. 침울하고 심각한 담론이 요란한 소리를 다시 내기 시작하는 시대에는 불만을 표시하며 부딪혀보는 것(항변하기, 투덜대기, '안정적이지 않은 곳에 발을 들여놓기')도 쓸데없는 짓은 아니라고 나는 생각하네. 위험이 없는 것은 아니야. 예를 들어 '입'이라는 단어가 지닌 위험에 대해서 잘 알고 있네. 하지만 겁내지 말게나. 내가 그것을 철학적 개념으로 만들지는 않을 테니까. 차라리 나는 '입'이라는 단어를 언어가 내게 준 장애물 같은 것으로 여긴다네. 언어가 내… 입 속에, 문장 속에 넣어둔 의미의 형상화를 방해하는 거북한 요소 같은 것이지. 마치 비-의미 형성을 향한 호명 그리고 열림, 흔적으로서의 형상을 향한 호명 같은 것이네. 너무 빨리 논의를 전개하고 있지만 어쩌겠나, 결론을 내야지. '몸'이라는 것을 통해 이야기하고자 하는 것은 의미화의 경계 지점이며, 의미화를 넘어서는 것으로서 **감각**과 관련되는 것이네. 그런 의

79

미에서 '입'을 개념으로 만들 생각은 전혀 없네. '표현주의'적인 표현을 사용하거나 '끈적끈적한 액체'를 묻힐 생각은 전혀 없어. 그러니까 이것은 글쓰기의 스타일 문제이면서 동시에 독서의 스타일 혹은 태도의 문제인 것이지. 조만간 취향에 관한 문제를 '근본적으로' 다시 한번 다뤄보도록 하세.

오늘 그것을 하기에는 너무 늦었군. 팩스가 출판사로 보내는 이 편지를 삼키려고 기다리고 있네. 잘 있게나. 신의 가호가 있기를! (이런! 뭐라고 말한 거지).

끝맺기 전에, 짓궂은 장난을 치려고, 책을 한 권 펼쳤네. 『피네간의 경야*Finnegans Wake*』일세. 자네 취향이 전혀 아닌 것을 잘 알고 있지. '비르길리우스의 운명'이 나를 이런 구절로 이끄는군. "이마여, 말하라 지금. 눈이여, 슬픔을 가장하라. 입이여, 소리 없이 노래하라."

잘 있게.

대화에 대한 대화

(원주) 이 대화는 다음에 수록되었다.
Études théâtrales, no. 31~32,
2005, "Dialoguer: un nouveau
partage des voix," dir. Jean-Pierre
Sarrazac & Catherine Naugrette,
pp. 79~96.

장-뤽 낭시가 필립 라쿠-라바르트에게

우리가 서신 형식(대화?)으로 구성된 텍스트를 발표했던 것이 벌써 12년 전이군.* 그 편지들에 이제서야 이 **추신**(새로운 프로젝트를 어떤 방식으로 만들어야 할지 고심하기 시작했을 때, 자네가 했던 제안이었지)을 덧붙이게 되었네. 연극적 글쓰기의 문제에 더 깊이 파고들어 가고 싶었지만,『신정신분석지*Nouvelle Revue de Psychanalyse*』에 우리 원고를 넘길 시간이 촉박했기 때문에 그것은 "다음 기회로" 미루겠다고 내가 예전에 썼었지. 연극에서의 대화를 주제로 장-피에르 사라자크Jean-Pierre Sarrazac가 개최한 학술대회에 참여하는 형식으로 다음 기회라는 것이 마침내 왔군. 지난 수년 동안 몇 차례 기회가 있었지만, 계속 무산되었지. 하지만 우리는 이 논의를 재개하기를 계속 원했고, 무대에 관한 질문이 우리를 놔주지 않았어. 왜 그랬을까? 그것은 무대에 관한 문제가 오늘날 철학적 작업 속에서 여러 주제들의 매듭 혹은 교차점을 구성하

*   이 글「대화에 대한 대화」는 2004년 3월 24일 "대화: 목소리의
       새로운 분할"이라는 주제로 개최된 학술대회에서 발표되었다.
       전편인「무대」가 1992년에 발표되었으므로 이 두 글 사이에는
       12년의 격차가 있다.

고 있기 때문이라고 나는 감히 말하겠네. 왜냐하면 '무대'에서 문제가 되는 것은 바로 '현전' 혹은 현존재자l'étant-présent 일반의 존재(보여지는paraître 혹은 나타나는apparaître) 양태에 관한 것이기 때문이야. 바로 이 문제가 오늘날 우리가 다루어야 하는 가장 시급한 문제이지. 지난 12년 동안 이 문제는 줄곧 중요도를 더해갔으며, 실제적인 현전을 지니지 못한 세계, 부재로서의 세계에 대한 질문은 더욱 첨예해져갔네.

  이와 같은 현전의 부재는 가상, 착시, 구경거리 속에 '실제 현전'을 해체하거나 숨기는 것을 지칭하고, 혹은 그와 반대로 현전이라 가정되는 것을 잘게 부수어 분산시키고 부재의 현시présentation(자네가 사용했던 용어를 다시 사용하는 걸세)만이 끊임없이 계속 일어나도록 하는 것을 지칭하기도 하지. 왜냐하면 부재란 우리의 현실 그 자체 속에(우리의 실존 속에) 실재하는 것이 거의 없다는 것을 나타내주는 아무것도 아닌 것rien, '아무것도 아닌 어떤 것un rien'(거의 아무것도 아닌 것, 아마도 말라르메가 말하는 "거의 물이 없는 시냇물"처럼)을 현시하는 것이기 때문이지. 미학, 정치, 윤리 등 여러 영역의 가장 첨예한 문제들 속에서, 위의 두 가지 경향이 번갈아가면서 동시대를 특징짓고 있다는 것을 어렵지 않게 보여줄 수 있지. 전쟁에 대해 말할 때나 인간복제에 대해 말할 때, 예술에 대해서 말할 때나 사회적 관계에 대해서 말할 때, 우리는 항상 다음 두 가지의 사이, 즉 너무 많이 '보여

84

주는 것montre'—'괴물monstre'—과 '현실'을 너무도 적게 품고 있는 것 사이를 오가는 것이지. 이 두 측면으로부터, 이 두 가지 사이에서, 현재형으로 눈앞에 존재하는 것le présent 혹은 현전la présence이 우리를 벗어나는 것이지. 양상이 다르기는 하지만, 두 경우 모두 끝에 가서는 결국 허무주의에 이르게 되지.

바로 이와 같은 이유로 현전과 현재형으로 눈앞에 존재하는 것이 동일하게 중요한 방식으로(대부분은 매우 은밀하지만) 우리의 질문 목록에 포함된 것이네. 우리는 자신의 현전을 확실히 알지 못하는 현재의 시간이지. 현전과 동시적으로 존재할 수 있는지를(적어도 우리의 한정된 시간이 현전의 시간과 동시적인 '시간'일 수 있다고 상상하는 것처럼) 확신하지 못해. 연극이 왜 우리에게 쟁점이 되고 있는가는 연극이 바로 이처럼 현전을 현시하는 특권적인 혹은 탁월한 방식이기 때문이야. 우리가 12년 전에 동의한 것이 있었다면—나는 우리가 동의했었다고 가정하네—그것은 현전은 현시됨으로써만 존재한다(능동적으로 스스로를 현시하든, 피동적으로 현시되는 것이든)는 사실이었지. 또한 이와 같은 현시(결국 미메시스)의 필연성이 자네가 편지 속에서 '원-연극'이라 부른 것을, 혹은 자네가 '스펙타클'이라는 단어와 차별화하기 위하여(그리고 대립시키기 위하여) '무대화'라는 용어로 주장한 바를 요구하게 된다는 점이었지(그것을 '드라마투르기

85

dramaturgie'라고 말할 수도 있을 것 같군. 말 그대로 이해해보면, 드라마투르기란 드라마를 작동하게 하는 것, 그러므로 내 방식으로 말하면, 행위의 현동화activation de l'action이지. 이 표현은 현전의 현시라는 표현과 유사한 혹은 동일한 실체성을 갖지─그렇기 때문에 행위 없이는 현전도 결코 있을 수 없는 것이겠지?).

바로 이 지점에서 대화라는 모티프와 만나게 되는군. 그리고 그렇게 됨으로써 우리의 첫번째 서신들 속에서 지속적으로 드러나던 모티프와 결국 다시 만나게 되었네. 이전 서신들 속에서는 발화작용, 텍스트의 낭송, 다른 문학 장르와 대비된 극 텍스트만의 특성 등의 주제가 반복해서 다루어졌지. 대화란 결국 서술자로서의 타자가 선택된 이야기를 전하는 것이 아니라, 무엇보다도 '직접화법'과 '단순 미메시스'에 대한 탐색에 부합하는 것이네. 바로 그 때문에 텍스트에서 등장인물의 이름을 마치 본래 텍스트의 외부에 있는 것처럼 지시하게 되는 것이지. 그것은 '행동하게agir' 해야 하는 텍스트, (자네의 표현을 사용해서 말하면) '배우'*가 행동하게 하는 텍스트를 벗어나는 장치이지. 그렇기 때문에 예전에 우리가 이야기했던 텍스트를 혼자 독서하는 방식에 대해 다시 말해본다면, 당연히 나, 독자인 나는, 텍스트의 일부 혹은 텍스트의 순

* 　배우를 뜻하는 acteur라는 단어가 행위action를 하는 사람이라는 본래의 의미를 가지고 있음을 환기하고 있다.

간으로서의 등장인물의 이름을 '행동하게' 해야만 하지. 그렇지만 발성되는 대사들로 이루어진 텍스트와는 완전히 다른 기능을 지니고 있기에 등장인물의 이름이라는 텍스트의 이 일부는 매우 독특한 특성을 갖지. 지문 속에 등장인물의 이름이 나오는 드문 경우는 여기서 논외로 하세. 지금은 그것을 제외하고서 텍스트만을 무대에 올릴 수 있다고 생각해보자고.

그렇다면 중요한 것은 이런 것이지. 연출가든 배우든 그 누구의 개입이 있기 전에 텍스트는 이미 무대화되고 있다는 것. 텍스트는 이미 '행동하고 있다'는 것.

무대화를 작동시키는 것은 대화이네. 등장인물의 이름은 위치를, 나아가 발화의 태도를 지시하는 것이고. 최소한 대화는 지점을 고정하는 것이지. 여기는 누가, 저기는 또 다른 누가. 대화의 특이성은 모든 통사적 결합, "줄리앙이 대답했다"와 같은 최소한의 통사적 결합으로부터 자유로운, 등장인물이라고 하는 독립적인 준-텍스트에서부터 시작된다는 것이네. 그러므로 나는 이름이 현전을 위치 짓는다고 말하고 싶네('아리시' '바냐'처럼 성별을 표시함으로써, 혹은 '왕자' '유모'처럼 사회적 관계 속에 위치 지음으로써, 이름은 그 자체로 현전의 질적 특성을 규정해주기도 하지). 이러한 점 때문에 등장인물의 이름은 현재형으로 존재하는 것들의 위상학을 규정하고, 반면에 순수한 텍스트 그 자체는 이 현재형으로 존재하는 것들을 현시(그것들의 사회적/심리적/존재-론이라고 기대할 수 있는 바에 대해서는 후에 다시 다루도록 하겠네)한다고 말할 수 있지. 그런데 처음에 이처럼 나뉘어져 있었기 때문에, 등장인물에는 끝까지 위상학적인 것이 남아 있게 되지. 그리고 이 위상학이란 행위가 진행됨에 따라 서로를 향해 말을 건넴으로써 인물들을 연결짓는다는 의미에서 말로 직조되는 '드라마톨로지dramatologie'에 종속되는 것이네. 인물은 소설의 등장인물(편하게 그냥 '인물'이라고 하겠네)과는 다르게 항상 (발화작용의) '자리'로 남아 있게 되네. 그리고 바로 이 때문에 방금 환기한 사회적/심리적/존재론이 발생하지 않는 것이며 혹은 발생해도 부차적인 것이 될 뿐이지.

연극은 이처럼 장르의 원칙에 있어서 '살아 있는' '체험된' 현전, '자기에의 현전présence à soi' '인물personne'*의 깊이와 두께 등의 문제로부터 벗어날 수도 있을 것 같군. 반대로 연극은 위상학적이고 드라마톨로지적인 문제로 곧장 향하고 있는 것 같네. 연극에서 위상학과 드라마톨로지는 서로 중첩되어 있는 것이니까. 현전은 여기에서 하나의 자리가 다른 자

* 등장인물이라는 뜻의 personnage가 아니라 personne이라고 씀으로써, 인물이라는 뜻과 동시에 '아무도 아닌'이라는 부정의 인칭대명사를 양가적으로 사용하고 있다. 즉 연극의 인물은 빈자리이며, 공연에 의해서 물성이 부여됨으로써만 현동화, 현시된다는 점을 말하고자 하는 것이다.

리들과 맺는 능동적인 관계 속에서 드러나며, '주체'는 바로 이 발화점 속에 자리 잡는데, 이때 발화점은 칸트에게서 "나는 생각한다"라는 빈 점과 유사한 것이네. 좀더 구체적으로 말해본다면, 이렇게까지도 말할 수 있을 것 같군. 연극의 등장인물은 실존하지 않는다고 말이네. 등장인물은 행위의 국지적 밀도화이며, 이와 같은 밀도화는 등장인물의 말에 의해, 말로써 행위화되지. 등장인물의 말은 그것을 발화하는 사람의 현전을 현시하지만, 항상 그 현전을 자기 자신의 뒤로 물러서게 함으로써만 그렇게 하는 것이네. 그리하여 사람들은 "그렇다면 페드라는 누구지? 안티고네는 누구지? 리처드 3세는 누구지?"와 같은 종류의 질문들을 끊임없이 하게 되는 것이라네. 그것은 바로 그들에 대해서 우리에게 이야기해주는 사람이 아무도 없기 때문이네. 그들이 홀로 와서 말하고, 말함으로써 그들의 '실제 현전'을 보여주고, 다시 그것을 감춰버리지.

　　바로 이로부터 '현재형으로 눈앞에 존재하는 것들présents'에 의해서 발화된 담론들의 여러 가지 특징들이 생겨나게 되네(말의 건넴, 존칭과 어법의 세련도—그리고 시적 가능성, 다른 유형의 현전들, 즉 구체적인 장소나 시대 등을 말로써 대신 나타내주어야 한다는 사실). 하지만 지금 그것을 이야기하고자 하는 것은 아니야. 관객과의 관계도 마찬가지지, 그것도 대화의 이와 같은 논리에 긴밀하게 연계되어 있지. 오늘은 다음과 같은 세 가지 질문을 던지는 것으로 만족하고자 하네.

1) 그리하여 연극은 '사적이고' '개별적이며' '주관적인' 현전의 영역과는 본질적으로 이질적인 것인가? 아니면 반대로 연극은 '눈에 보이는 현재형의 것들'의 영역과는 완전히 이질적인, 현전 그 자체의 논리(위상학적-드라마적-논리)에 의해서 구축되는 것인가? 그것은 스스로 현시되지 않기에 현시해야 하는 탈주하는 '현전'인가? 그리고 이처럼 구축되는 구조는 연극의 문화적 기원, 즉 부재로서의 '신' 혹은 비-주체non-sujet로서의 '신'과 관련되는 것은 아닌가?(심리-학이 아니라, 신-학이 아닌가?)

2) 플라톤이 철학의 고유한 시원적 형식이라고 칭송했던 대화(플라톤 이후 모든 철학 전통이 이를 따랐지. 심지어 플라톤식의 대화를 다시 살려내는 것은 불가능하다고 여겼던 철학 전통까지 말이야)는 연극에서의 대화와 (우리가 이미 여러 차례 이야기했던 것처럼, 그리고 플라톤이 원래는 비극을 썼다는—혹은 썼다고 추정된다는—사실이 그것을 더 공고히 해주는 것처럼) 쌍둥이 같은 것이 아닐까? 연극에서 대화 상대자 사이에 하는 역할 분배는 플라톤의 대화에서는 "영혼의 자기 자신과의 대화"에 해당하는 것이겠지. 플라톤이 사유noésis를 정의하기 위해서 사용한 용어로 다시 말하자면, 본질적으로 탈주하는 연극의 현전은 철학적 대화에서도

역시 본질적인 것처럼 주어지는 것 혹은 관념적으로 존재하는 것이라 할 수 있는 것이 아닐까? 그리하여 노에시스 노에세오스*noésis noéséôs*, 즉 사유에 대한 사유 속에서 대화가 생겨나면서 완수되는 그 탈주의 지점에서 현전이 나타나는 것이 아닐까? 두 가지 방식의 대화를, 중심과 강조점을 바꾸어서 이렇게 도식화해볼 수 있을 것 같군. 대-화*dia*-logique로서의 연극과 대-화dia-*logique*로서의 철학?

3) 내가 말한 위상학topologie 말일세. 자네가 그 가설을 받아들인다면, 위상학이 위치들의(혹은 위치 바꿈의) 배치로서의 무대를 열 때 그것은 유형학typologie과 엄밀하게 구분될 수 있을까? 내가 아까 말한 어디로 (되돌아)가 이야기하려는 것인지 자네가 알 거라고 생각하네. 언제까지 '발화점'은 형상이 없을 수 있을까? 이 질문은 결국 앞에서 말한 것, 즉 비-형상적인 것을 향한 질문과는 반대되는 방향의 질문이지.

91

필립 라쿠-라바르트가 장-뤽 낭시에게

우리를 여기에 모이게 한 상황과 우리에게 주어진 발언 시
간을 고려해서 자네의 질문들에 바로 답하는 것이 좋을 것
같군.

우선 '무대화'부터 이야기하겠네. 이 용어가 반드시 필요
해서라기보다는 자네가 그렇게 써놓았으니 그대로 사용하는
것이네. 어쨌든 내가 '무대화'를 '스펙타클'에 대립시킨 것은,
아리스토텔레스 시대에 이미 '고전'으로 인정되던 연극(기원
전 5세기의 대비극)의 **옵시스**와 오직 '강한 감정'(경외가 아니
라, 예를 들자면 공포나 혐오 같은 감정들) 유발만을 목표로
삼는 아리스토텔레스의 동시대 공연물들의 '무대 효과' 사이
의 차이에 대해 아리스토텔레스 자신이 행한 구분을 따르기
위해서였네. 그리고 내가 '드라마투르기'라는 단어—분명 브
레히트나 포스트-브레히트적인 의미에서가 아니라—를 받
아들이지 못하는 것은, '드라마'라는 단어와 개념이, 클레르*
가 이미 보여주었듯이, 어려우면서도 문제적이기 때문이네.
왜냐하면 '작품화mise en oeuvre'라는 개념(하이데거의 작품-

---

*   (원주) Claire Nancy, "La raison dramatique," *Po&sie*, Paris, Belin,
         no. 99, 2002.

내-자기정립Ins-Werk-Setzung)은 행위화mise en acte 혹은 자네가 명명한 "행위의 현동화activation de l'action"〔자네도 하이데거가 연극에 대해 생각한(하지 않은) 바에 대해 잘 알고 있지 않은가〕가 결코 아니기 때문이네. 작품화란 진리 자체의 현시, 즉 **알레테이아**alèthéia*의 현시와 관련되는 것이네. 그러므로 내가 달리 방도가 없어서 같은 단어를 반복해서 표현한 현시의 현시가 아니라, 현시 **자체**를 현시하는 것과 관련되는 것이지. 그것이 아무리 뒤로-물러나 있는 것이라 할지라도 말이네. 현시의 현시는 생각할 거리를 주는 것이기도 하지만, 그와는 반대로 사유 그 자체를 허락해주는 것이라고 할 수도 있네.

　　그렇다면 결국 연극은 다음과 같이 정의될 수 있겠군. 1) 무대, 2) 대화체의 형식, 3) 행동하는 인간의, 혹은 총칭하여 **행위**praxis의 현시.** 행위의 현시 혹은 양보한다면 (재)현시는 연극에만 고유한 것은 아니네. 플라톤에 따르면, 서사시와 이야기도 현시를 행하며, 아리스토텔레스는 여기에 역사를 첨가한다네. 반대로 무대는 반드시 대화적인 양식, 즉 플라톤이 렉시스 미메티케lexis mimétiké라고 부른 것, 즉 모방적인 발화

　*　　망각을 의미하는 lethe에 부정의 접두사 a-가 더해져, 망각되지
　　　　않는 것, 가려지지 않는 것, 즉 진리의 의미로 하이데거가 사용한
　　　　용어.
　**　　라쿠-라바르트는 미메시스가 재현représentation이기보다 그
　　　　자체로 현시présentation라는 입장이다.

양식(내가 '양식mode'이라는 단어를 사용한 것은 주네트에 따르면, 플라톤이나 아리스토텔레스에게는 아직 '장르의 이론'이 존재하지 않았기 때문이지)을 요구하지. 렉시스 미메티케는 '단순'한 것도 '복합'적인 것도 '혼합'된 것도 아니네. 그것은 그 자체로서 대화적인 것이지. 플라톤이 설정한 '단순'과 '혼합'의 구분은 디에게시스*diégèsis*에만 해당되는 것이야. 우선 서사시에서, 호메로스Homeros가 자신의 '행위자들'의 말을 전할 때, 그는 발화자로서의 자신의 위치를 때로는 직접화법으로(헥토르가 대답했다: "…"), 혹은 간접화법으로(헥토르는 … 라고 대답했다) 표시하지. 또 때로는 순수하게 대화만 도입함으로써 발화자로서 자신은 지워지지(다른 여러 가지 이유가 있지만, 특히 이와 같은 이야기 작법mythopoiësis의 '창안' 때문에 플라톤은 비극의 효시로 호메로스를 지적했지). 바로 이렇기 때문에 극작을 할 때, 다시 말해 모방적 양식을 취할 때, 지문은 아무리 짧아도(퇴장한다 같은 식으로) 필수적이지 않지만, 등장인물의 이름 기입은 반드시 필요하다네. 왜냐하면 역할을 분배해야 하니까, 혹은 좀더 과감하게 말한다면 목소리들을 분배해야 하기 때문이지. 니체에 따르면 극 텍스트는 '오페라 대본'과 같지. 비록 니체가 그것을 말하려던 의도와는 다르지만 말이야. 아니면 악보 같은 것이지. 하지만 니체가 아쉬워했던 잃어버린 옛 비극의 악보는 아니지. 등장인물의 이름은 여기서는 자네가 말한 것과 비슷하게, 텍스트 밖으로 물

94

러나 있어. 또한 바로 그렇기 때문에 작가는 등장인물들의 이름이 대화 속에서 들리게 만들어야 하네. 때로는 자기소개, 자기현시의 방식으로(〈트로이의 여인들〉의 도입부에서 "내가 왔도다. 나, 포세이돈이…"), 혹은 때로는 기별하는 방식으로 ("그런데 저기 크레온이 옵니다. 메노세우스의 아들이…," 소포클레스의 〈오이디푸스 왕〉 첫 구절), 혹은 상대방에게 말을 건네는 방식으로 말이네(예문을 하나 지어내보지: "아! 필랭트 그만하게"). 그렇다면, 등장인물의 이름들이 텍스트 밖에 있건 안에 있건 간에, '현재형으로 눈앞에 존재하는 것들의 위상학을 규정'해주는 것인가? 아니면 다시 같은 얘기로 돌아가지만, "텍스트가 〔혼자〕 스스로를 무대화하는 것인가? 연출가든 배우든 간에 그 누구의 개입이 있기 전에 텍스트는 이미 **행동하고 있는** 것이 아닌가?" 등장인물들의 이름은 대화 dialogue에서의 dia-와 배분distribution에서의 dis-의 의미를 구현하지. 등장인물의 이름은 발화작용을 차별화하고, 특징을 규정해주네. 더 정확하게 말한다면 발화자를 할당해주는 거지. 연출가와 배우는(게다가 그리 멀지 않은 시대까지도 한 명의 배우가 혹은 작가가) 위치 결정을(그리고 자세와 이동, 몸짓 등을) 담당했네. 그러니까 무대 위에서 다음의 지문처럼 배우와 연출가 들이 이야기할 수 있는 거지. "저기로, 자네가 저 친구 쪽으로 가서 한번 부딪혀봐" "아니 나는 그냥 멀리 있고 싶은데요. 그게 더 강렬해요. 인물들이 절대 서로 접

95

촉해서는 안 돼요." 극작가가 이 모든 것을 다 지문으로 쓸 수도 있지(베케트를 보게). 그가 하는 것은 바로 연출을 **말로 읊어주는 것**이야. 대부분 '몸짓'에 대해 말해주겠지. 하지만 음색에 대해서도 말해줄 수 있겠지. 물론 음색에 대해서야 꼭 정확할 수는 없고 비슷하게만 말할 수 있겠지만 말이네.

어쨌든, 이렇게 자네의 용어들을 약간이라도 '바로잡는다면'—그래서 여기 우리의 맥락 속에서 '인물personne'이라는 단어를 문자 그대로 고대 배우의 가면 착용과 관련되는 것으로 한정한다면—나도 "연극의 등장인물personnage은 실존하지 않는다"라는 자네의 의견에 동의하겠네. '등장인물'이란 소설적 전통의 유산이기 때문이네. 그렇기에 등장인물은 단지 "행위의 국지적 밀도화"라기보다는 그가 말하는 대로 존재하고 행동하며 또한 타인이 그에 대해서 말하는 바와 행하는 바대로 존재하거나 행하고 또 상호적으로 말하고 행하는 바대로 존재하고 행하지. 자네 말이 맞아. "행위는 말에 의해, 말로써 행위화"되는 것이네. 이와 같은 행위화에는 외부의 시점이 존재하지 않지. 그러므로 발화의 얇은 '주체들' 뒤에서 가정되고, 묘사되고, 분석되는 (두터운) '현전'이란 존재하지 않아. 아리스토텔레스가 좋은 비극을 판별하는 기준으로 **뮈토스muthos**를 꼽고 '캐릭터'(èthos)는 그것에 종속되는 것으로 자리매김할 때, 그가 말하고자 한 것은 명확한 것이었어. 뮈토스란 브레히트에게서는 '이야기fable,' 즉 시나리오야. 다

96

시 말해서 조금 일반화시킨다면 고대의 신화를 '배열'하는 것이지.

결과적으로, 자네가 전제하고 질문해본 것들로부터 가장 가까이서 **그리고** 가장 멀리서(실은 그리 멀지도 않지만) 두 가지 주장을 펴보겠네.

1) 자네는 이렇게 말했지. "주관적인 현전의 영역과는 이질적인 〔…〕 '눈에 보이는 현재형의 것들'의 영역과는 완전히 이질적인, 현전 그 자체의 논리 〔…〕 스스로 현시되지 않기에 현시해야 하는 〔…〕 현전의 논리에 의해서 연극은 구축된다." 잠시 순진한 방식으로 말한다면 현실과 허구의 대립이 있다는 거지. 혹은 이렇게 말할 수 있겠군. 무대 위에, 그러니까 특정 목적에 맞추어 마련된 공간 속에서 (무대의상을 입은) 배우들과 소도구들 그리고 무대장치만을 대면하고 있다는 거지. 결국 한마디로 현존재자들étants-présents이라는 거야. 그리고 무엇보다 배우라는 이 현존재자들은 결코 현재화된 적이 없는 존재들을 (재)현시하게 되는 거지. 아트레우스 가문은 저 먼 선사시대에 존재했을 것이고 비극 〈오레스테이아Orestie〉에서 아테네 여신은 결코 '현시된' 바 없어.『예술작품의 근원』의 첫번째 강연에서 다루어진 신의 석상에 대해서도 마찬가지로 말할 수 있네. 하이데거가 말한 바의 핵심은, 석상은 신을 재현하는 것이 아니라 석상 자체가 신이다라

는 거야. 왜냐하면 아무도 신을 전에 보거나 만난 적이 없으니까. 그러므로 자네가 연극의 종교적 근원에 대해서 환기하고, 부재하는 '신'에 대해서 말하는 것은 일리가 있어. 자네는 '신학'이라고 부르지만, 나는, 차라리 **무신-론**athéo-logique이라고 말하겠네(소포클레스의 작품 속에서 오이디푸스가 자신이 **무신론자**라며 한탄하는 장면을 자네도 알겠지). 그렇다면 아마도 연극에서 중요한 것은 현시 **그 자체**라고 말할 수 있을 것 같군. 연극을 단지 비극으로만 한정해서는 안 되겠지만 말이야. 바로 이 점을 관객들은 평가하는 것이지. 관객들이 연극을 좋아하는 것은 연극이 이렇기 때문이야. (**방백**: 나는 오랫동안 생각해왔어. 그토록 연극을 경멸했던 하이데거가 학문에 관한 학술강연에서 '이론théorie'이라는 단어에서 접두사 *théos* 혹은 *théa*를 제거하려고 한 것은 이 접두사가 '연극théâtre'이라는 단어 속에 숨어 있는 것을 발견했기 때문은 아닐까 하고 말이야. 연극은 하이데거가 말했듯이, 하늘과 땅을, 인간과 신을 휘저어 놓을 수 있었을 테니까.)

2) 플라톤의 대화 전체가 미메시스적인 양식으로 쓰인 것은 아니네. 어떤 부분은 미메시스와 디에게시스가 혼합된 형식이지. 니체가 플라톤이 고대의 소설을 발명했다고 말한 것은 바로 이 때문이네. 플라톤이 대화라는 형식을 사용한 것은 비극에 대한 경쟁심, 그러니까 일종의 **아곤**agôn* 때문이었음을 잘 알 수 있지. 플라톤 자신의 말에 따르면, **아곤**이란 본

질적으로 정치적 영역에 속하는 것이네.『법률*Lois*』의 말미에서 아테네 사람이 아테네의 '헌법'을 소개할 때, "가장 아름다운 드라마" 혹은 "가장 잘 완결된 드라마"와 같은 것이라고 소개하지. 그러다가『공화국*La République*』에서처럼 다시 한번 연극과 비극에 대한 과장된 혹평을 늘어놓지만 말이네. 그런데 여기서 갑자기 '드라마*drama*'라는 단어가 등장한 것은 흘려버릴 일은 아니야. *dran*이라는 그리스어 단어가 가리키는 행동하다 혹은 하다라는 동사는 일반적으로 행동하다를 나타내는 *prattein*의 특수한 양태이네. 그것은 **행위***praxis*를 하기로 결심하는 것이지. 예를 들어〈콜로노스의 오이디푸스 Oedipe à Colone〉에서 자신이 예전에 범한 두 가지 범죄에 대해 말하면서 오이디푸스는 이 동사를 다음과 같이 사용하지. "인정합니다. 그것을 행한 사람은 바로 접니다." 여기서 문제시되는 것은 자신이 받아들인 행위, 다시 말해서 심사숙고한 행위인 것이지. 행위가 일어나고 난 후의 숙고라 할지라도 말일세. 여기서는 바로 그 경우이지. 여기에는 책임성이 개입되어 있어. 바로 그 때문에 플라톤이 대화체 형식을 선택하고 대-화를 대-화로 변형시킬 때(이 표현에 대해 자네에게 전적

＊   agôn은 싸움 혹은 경연을 의미하는 그리스어이다. 육상 경주, 전차 경주 등이 모두 아곤의 일종이다. 특히 연극에서 아곤은 주인공과 상대역의 대립과 갈등으로 이루어지기 때문에 아곤은 연극의 가장 기본적인 특성 중 하나로 제시된다.

으로 동의하네), 플라톤은 결국 말 그대로 극적인 형식을 선택한 것이지. 이것을 도식화하면 "영혼의 자기 자신과의 대화"이고, 철학에서는 철학하는 **행위** 자체가 되겠지. 플라톤은 놀랍게도 들뢰즈가 클로소스키Pierre Klossowski를 거쳐서 니체에게서 식별하게 되는 바, 즉 '극화dramatisation의 방법론'*을 창안했던 것이네. 산파술의 소크라테스Socrates에게 **뮈토스**가 있다면, 죽음을 앞둔 소크라테스에게는 무엇보다 **소피아** *Sophia*의 연극화, 즉 '지혜'의 연극화가 있는 것이지. 이 지혜는 죽음에 이르기까지도 지녀야 하는 책임이며, **죽음에 대한 연구***mélètè tou thanatou*인 것이네. 그는 이를 통해서 우리에게까지 이르는 철학적 열정의 기초를 만들어주지. 사유하는 것에 대한 열정 말이네.

이런 의미에서 행위가 연극을 결정하는 것이라면—희극도 여기에 포함될 터인데, 우리가 그것을 증명해볼 수도 있겠군—그때, 대화적인 것은 필연적으로 유형학을 끌어들이지. 극행위가 특이하게도 형상을 태동시키는 거야. 철학자들이 하나의 사유의 **등장인물**이 되고 배우가 되는 것은 철학에서는 당연한 일이네. 그리고 바로 그것으로부터 철학자 자신의 실존의 '시나리오'를 만들지. 철학자 자신의 **뮈토스** 말일세. 거

---

*   들뢰즈는 내재하는 개념으로서의 관념이 시공간적인 역동에 의해 현실화, 육화하는 것을 드라마화라 정의했다.

기에 그의 **에토스**가 달려 있어. 단지 그의 '캐릭터'뿐만 아니라 그의 존재 방식이 달려 있다는 말이네. 자신의 이야기, 즉 뮈토스를 가지고 있어서 철학자들은 '신화적'이 되지. 소크라테스만 그런 게 아니라네. 그런데 이 경우 형상적인 것 혹은 유형학적인 것이 반드시 자네가 위상학적인 것이라고 명명한 것, 즉 위치들 혹은 '발화점들'의 배치에 종속되는 것일까? 차라리 자신의 '극성dramacité' 안에서 **뮈토스**가 무대라는 공간, 즉 하나의 자리를 열도록 명령하는 것이 아닐까? 그 자리를 프랑스어로는 토포스topos, 로쿠스locus, 그리고 독일어로는 오르트Ort라 부르지. 형상들은 '서로에게 욕하며 싸우고' '죽어가기'* 위해서 이 공간으로 오는 것일까? 적어도 이것이 비록 여전히 서투르게 도식화되었을 테지만, 오늘 내가 제기하는 질문이네.

＊ 싸우고 욕하다라는 뜻의 agonir와 죽다라는 뜻의 agoniser는 어원적으로 agon을 공유한다.

장-뤽 낭시가 필립 라쿠-라바르트에게

논의를 다시 시작해보세. '현시'에 대해서는 말할 필요조차 없을지도 모르겠군. 아니면 '현시'가 일어난다고 해도 항상 눈앞에 보이지 않다 보니 초현전 혹은 저 높은 곳의 고결한 현전 속으로 숨어 끝내(시작을 이미 했다면…) 접근하기 더 어려운 것이 되어버린 것 같군. 솔직히 말하면, 이런 입장에는 비자발적이지만 교묘하게 존재-신학을 구축할 수 있다는 위험이 있어. 현시되지-않는-현시는 자네가 그리스인들에 대해서 환기한 바 있듯이 **피지시스**physissis로 변할 수도 있지. 자신을 납골당 속에 유폐시키면서, 존재에게서 존재를 부인하는 부정성 속에 있는 순수한 힘으로서 **피지시스**는 부정의 신학 속으로, 그게 아니라면 아마도 헤겔의 방언학*을 향해서 맹목적으로 가는 것 같군.

이제 내가 자네와는 분명 다른 방식으로 '현시' 그리고 '**피지시스와 테크네**'의 문제에 접근한다는 것을 자네도 알아차렸겠군. 서로 상반된다기보다는 간격이 조금 있는 거지. 현시의 문제는 결국 현전의 문제이며, 전에도 말한 바 있지만, 현

---

*   변증법dialectique이 아니라 방언학dialectologie이라고 쓴 것은 헤겔을 따르면서도 헤겔과는 다른 방식을 취하기 때문이다.

전이 라틴어로 *prae(s)ens*라면, 항상 자기 자신 앞에 있는 것이며*—그러므로 항상 자기 뒤에 있는 것이기도 하지. 하지만 나는 '앞'을 더 강조하고 싶군. 이 개념은 이 지점에서 연극과, 그리고 무엇보다도 자네가 '원-연극'이라는 개념 아래 정돈한 모든 것과 조우하게 되네('원-연극'에 대해서는 후에 다시 이야기하겠네).

그러므로 나타나지 않는 현시에 대해서 말하기보다는, 나는 이미-항상 거기 있는 현전에 대해 말하고 싶군. 이 현전은 그 바탕을 이루는, 어떤 종류의 '원형' 없이, '스스로를 눈앞에 현재형으로 드러내는 것'과 '눈앞에 현재형으로 드러나는 것' 사이에 어떤 구분도 두지 않네. 이 구분은 사실 자연과 예술(내가 라틴어로 표기하면서 좀 단순화시켰지만, 그렇다고 달라지는 것은 없는 것 같군) 사이의 구분과 관련되지. 그런데 이 구분은 '자연'** 그 자체가 실체적으로 존재한다는 전제하에서만 구체성을 갖는 것이 아닐까? 하지만 만일 자연이 실체적으로 존재하는 것이 아니라면? 혹은 더 이상 그런 것이 아니라면? 반대로, '기술적인 것'도 '자연적인 것'이며, 마찬가지로 '자연' 역시 '기술적인 것'임을 인정해야만 한다면? 이와 같은 교차법을 사용하는 이유는 인간이란 불안한 자신의 타자성 속에 있기 때문이며 이와 같은 교차법이 갖는 양가

---

*　　　ens는 '있다sum'의 현재분사형이다.

**　　　Physissis는 있음과 없음을 동시에 근거로 삼는다.

성은 '허무주의'의 양가성과 같은 것이기 때문이네(해체된 실체들에 대한 애도 대 **사물**로서의 **무**rien와 비슷한 능력).

어떤 의미에서는 우리 사이의 차이가 줄어들고 있어. 자네가 말하는 '본래의 **미메시스**'는 내가 '본래'라는 표현을 피하기 위해 사용하는 존재의 '나타남parêtre'*(앞에-오는-것으로서 자신의 존재 자체) 혹은 '**앞에 존재함**prae(s)entia'이라는 표현과 그리 멀리 있는 것 같지 않군. 게다가 답신에서, 내 질문과 명제들을 다루면서 자네가 사용한 존재론적 문구들이 내것들과 그리 다르지 않더군. 그렇다면 도대체 왜 존재론적 배치에 있어서 우리의 불일치가 결코 작지 않다는 것을 인정해야만 하는 것일까? 자네가 말미에서 다시 형상에 대한 불일치에 대해 말하기 전까지는, 처음에는 동의하는 것처럼 보였던 그 언술들을 사실상, 우리 둘 다 똑같이, 전혀 이해하지 못했다는 것을—그리고 왜 그랬는지를—밝혀야 할 것 같네. 우리는 '이해하지' 못했어, 아니 차라리 우리는 '동일한 것 le même'일 수 있는 것에 대해서 같은 방식으로 **말하지** 않았지. 하지만 동일한 것이 같은 것identique은 아니지. 그러니까 아마도, 항상 그리고 무엇보다도 우선해서 '대화'라는 게 있는

* parêtre는 paraître(나타나다)와 동음을 이루는 낭시의 신조어다. être 동사 앞에 전치사 par를 붙여서 나타남을 의미하는 동사 paraître와 동음의 단어를 만들어냄으로써 낭시는 존재에 앞선 현전의 현시를 표현하고자 한다.

것이겠지(이렇게 말할 수도 있겠군: 독백이란 불가능하다).

이제 연극 자체 그리고 대화라는 주제로 되돌아가 보도록 하겠네(혹은 그냥 대화로 되돌아가 보겠다고 말하겠네. 왜냐하면 연극과 대화는 결국 동일한 것이니까).

잠시 주제를 바꿔보겠네. 자네가 현시의 현시라고 말한 부분(아마 자네도 명시한 것 같은데, 그것은 엄밀히 말하면 불가능하지)에서 나라면 다르게 말할 것 같군(어디까지 다르게 생각하게 될지 모르고 또한 이것이 실제로 어디까지 이르게 될지도 모르지만, 그게 바로 진짜 대화를 만드는 것이지. 굳이 멋스럽게 말하려는 것이 아니야. 어떻게, 어디까지 우리는 둘로 분할하여 말하면서 동일한 것을 사유할 수 있을까? 이 분할은 말하기의 원초적 구성인가 아닌가? 아마도 뒤에 다시 이야기할 수 있을 것 같군).

다르게 말하자면 이런 것이지. 현시 1번. 현시될 가능성이 있는 어떤 것, 이것은 내가 보기에 매우 신학적이네. 자네는 '무신론'이라고 부르기를 선호하겠지만 그렇다고 해도 본질적으로 어떤 것도 변화하지 않아. 다시 말해서 본래적 특성이라는 생각 자체가 이미 잘 알려진 대로 신-존재-론을 내포하고 있네. 모든 것의 기저에-위치하는 이 '존재'(피지시스이기도 하지)는 칸트 혹은 하이데거 이래로(키르케고르Søren Kierkegaard, 니체, 비트겐슈타인Ludwig Wittgenstein이라고 해도 무방하지) 근대 사상에서 중요한 쟁점이지. 내가 '신학적'이라는 단어를 사용한 것은, 다른 의미를 줄 수 있을 거라고 생각했기 때문이지만, 아마도 내가 잘못 생각한 것 같네. 차라리 '신divin'이 문제가 된다고 말하는 것이 낫겠네. 오늘은 이 문제에 대해서는 이만하도록 하겠네.

이번에는 반대로 이렇게 이야기해보지. 본래적인 '현시'는 없지만, 현전들의 간격espacement*은 있다고 말이네. '간격'이라 한 것은, 여기에 하나의 정관사로서의 '현전'은 없지만, 항상 동시적으로 여러 개의 현전들이, 함께-존재하는 것들이 있기 때문이네. **앞에 있음으로서의 현전**은 '함께'의 뜻을 갖는 접두사를 가지고 있지는 않지만, 다른 것과 함께하는 구축성을 가지고 있지. 게다가 (자네가 말했듯이 연극을 좋아하지 않는) 하이데거의 그릇된 정치적 선회는 바로 이 공동-현전co-présence(혹은 예전에 내가 장-크리스토프 바이Jean-Christophe Bailly와 함께 말한 '함께 나타남comparution')이라는 개념과 관련되어 이루어졌다고 생각하네. 연극, 대화로서의 연극이 재현하는 것, 즉 그것이 현시하는 것은 바로 간격이야. 간격이 구축이며, 심지어 '공동성'의 척도라고도 말할 수 있네(바로 그렇기 때문에 '공간성'이라는 주제가 하이데거에게는 골칫거리였던 것이지. 하이데거의 공간에 대한 사유는

---

* 낭시는 이 단어를 구체적인 공간적 위치의 점유와 뒤로 물러서 사라짐을 동시에 포괄하는 단어로 사용한다. 그렇기에 현시와 사라짐 사이에 간격이 발생하는 것이다.

106

존재의 역사성에 대한 소위 '헤겔주의적' 사유에 우리가 제기했던 것과 유사한 근심을 오늘날 작동시키고 있네).

그런데 공간적 간격을 만들어내고 동시에 벌어진 간격을 가로지르는 것은, 하나의 지점에서 다른 지점으로 기호를 쏘아 올리는 것이지. 각각의 자리들은 서로에게 신호로 알리지 않고는 배열될se dis-poser* 수 없네. 그리고 자네가 그 특성을 규정한 바 있지만, 극 행위의 특성이란 결국 관계 속에서 하나의 위치를 점유하는 것으로 귀결되는 것이지. 다른 위치들로부터 보낸 기호들이나 신호들과의 관계를 통해서 하나의 위치를 점유하는 것이야. 이와 같은 방식으로 다시 생각해본다면, 혹은 자네식으로 말해서, 다시 연기해본다면, 자네가 말한 극에서의 역할 수행은 분할되어 있으면서도 함께-현전하는(위치들의 공동-배-분co-dis-tribution) 하나의 위치를 점유하는 것이 되네. 이를 통해 우리는 'dia-'와 'dis-'라는 접두사를 더 잘 이해할 수 있게 되지. 여기에는 '함께'를 뜻하는 접두사 'syn-'과 'cum-'의 의미가 반드시 포함되어 있네. (그러므로 이 모든 것이 또한 정치적이라는 점은 확실하군. 하지만 여기서 쟁점이 되는 모든 것이 정치적인 것에서 기인한다고 생각

---

* 여기서 낭시는 se disposer를 se dis-poser로 표기한다. 이는 어떤 물건을 어느 위치에 놓다라는 뜻의 poser와 그것을 부정하는 접두사 dis를 연결했을 때, dis가 부정적 의미로 작동하고 있지 않음을 보여주고자 하는 것이다. se disposer는 배치되다라는 뜻을 갖는다.

하지는 않네. 이 점에 대한 이야기는 다음으로 미루세.)

이렇게 수정한 덕에—혹은 내가 자네처럼 마치 지도교수(!)처럼 말한다면, '바로잡은' 덕에(각자 상대방을 수정한 후 우리는 엄청 구불거리는 윤곽선을 그리게 되었지만, 바로 그것을 통해 신은 곧은 글을 쓴다고 클로델은 〈비단신Soulier de satin〉의 서두에 적어놓았지)—그러므로 이렇게 어조를 서로 교차시킨 덕분에, 우리는 본질적인 것에 서로 동의하게 되었네. 그것은 연극의 공간은 자네 표현을 따른다면 "특정하게 마련된 공간"(혹은 **템플럼**templum*)이라는 점이야. '특정하게 마련된 공간'이라는 표현 속에서 내가 말하고자 하는 것은 이런 것이라 할 수 있어. 유예시키기, 즉 멀리서 거리를 두고 보기, 하나의 환경을 떠나기 위해서 둘러싼 공간으로부터 간격을 두기, 그리하여 자신의 근본적인 위상-학topo-logique과의 간격 '그 자체'를 다시 드러내기(아마도 이것이 근본적인 바탕이란 없다는 것을 알려줄 가장 좋은 방법이겠군). 그것은 '모방된' 등장인물이 아니라, 해석된 **페르소나**personae의 **학**logique,** 배우의 학, 행위자의 학인 것이지.

---

*　신성한 지역 혹은 사원을 의미하는 이 단어의 그리스어적 어원은 '잘라내다'라는 의미를 갖는다. 즉 세속적인 공간으로부터 벗어난 공간을 의미한다.

**　logique의 어원은 logos, 즉 말이므로 페르소나의 말, 배우의 말, 행위자의 말이기도 하다. 그러므로 다음 줄에서 연극적 대화로 주제를 바꾸는 것이다.

여기서 다시 연극적 대화의 글쓰기로 되돌아가고 싶군 (연극적 대화라는 표현을 우리가 너무 반복해서 사용한 것이 아니라면 말이야).

대화가 지닌 여러 가지 속성들을 좀더 잘 규명하고자 시도해보는 것이 중요해 보이는군. 그렇게 함으로써 대화가 지닌 특정한 문학적 차이를 만들어낼 수(혹은 못 만들 수) 있을 테지. 부연해서 말한다면, 이렇게 함으로써 (대화가 이 영역에 속한다면) 적어도 '문학'과 '철학'의 특유한 차이를 만들어낼 수도 있을 테니까 말이네. 이 점에 관해 내게 아직은 정리가 안 된 몇 가지 생각이 있네. 생각이라기보다 아직 인상이나 직관에 가깝지. 그것은 '격식화된' 언어의 특징과 관련된 것이라네. 격식화된 언어를 타인에게 '건네는 것adresse'은 의미의 본질을 향해 한 걸음 나아가는 것이라고 할 수 있지. 하지만 자네가 동의한다면, 나는 이 모티프는 자네가 먼저 다뤄주었으면 하네.

그 이전에, 또 다른 모티프 하나를 도입해보고 싶군. 자네가 '원-연극'이라고 말할 때, 나는 좀 불편하네. '원-'이라는 접두사를 붙여 말을 만들 때, 그 의도는 이해하지만 거기에는 그릇되게 해석될 우려가 있어. 데리다의 '원-글쓰기archi-écriture'에 대해서 그런 오해를 자주 볼 수 있듯이 말이야. 내가 감히 말해본다면, '원archi-'이라는 접두사 때문에 미안하지만 비슷한 용어로 '분류archivé'된다는 거지. 그리하여 모든 것

109

이 혼란스러워지지. 왜냐하면 하나의 '연극'이 아직 혹은 이제는 더 이상 하나가 아니기 때문이야. 이런 식이라면 우리는 서로 다른 예술들 간의 차이를 어떻게 다룰 수 있을까? 이 질문이 내게 중요한 이유는, 아주 중요한 결과를 가져오기 때문이네. 이 질문은 예술의 정체성-없음non-identité과 관련되지. 원칙적으로, 자네가 환기했듯이 '테크네들tekhnai의 총합'이라는 집단적인 용어일 수밖에 없는 것을 우리는 계속 개별적으로 정의하고 분류하려고 하는 것이지. 자네가 '미술*의 낭만적 통합'이라 지칭하는 것은 명확한 하나의 '예술'이라는 '단위'를 만들어내지 못해. (더욱이 어떤 정신적 활동도 '철학' '과학' '종교' '예술' '문학'이라고 명확하게 규정될 수 없지. 아마도 각각이 자신의 종류에 맞는 특유의 위치를 차지할 것이고, 이처럼 각각에게 역할을 배분—여기 또 한 번 이 단어가 나오는군!—하는 것이 한 번의 시도의 대상이 될 수는 있겠지. 아마도 '예술'은 일부러 '자기 자신' 속에서 하나의 분명한 단위가 아닌 복수성의 놀이를 반복하는 '부분'인 것 같군.)**

그러므로 만일 연극이 자네에게 '원-연극' 혹은 총칭하여 '예술'이라는 이름하에 계열적으로 위치될 수 있는 것이라면, 그것은 정확히 어떤 방식으로 그러한 것일까? 자네가 나

---

* 프랑스어로 미술은 복수형 beaux-arts이다.

** 낭시의 저서명 『단수이자 복수인 존재Être singulier pluriel』가 이를 환기한다.

열한 것은 본질적으로 (자네가 지칭했듯이) 종교적이거나 혹은 마술적인 실천이나 행위의 총합을 펼쳐 보여주더군. 하지만 우리가 고전적으로 '예술'이라고 하는 것들, 그림, 조각, 음악, 시에 대해서 또 영화, 사진, 영상, 퍼포먼스, 설치 등에 대해서는 전혀 말하지 않더군. 나는 한편 많기도 하고 동시에 적기도 한 이것들 앞에서 조금 당황했네. 하지만 다른 한편으로는, 어떻게 하면 '원-연극'이라는 바탕으로부터 우리가 연극의 본질로서 자리매김하기로 동의한, 대화와 역할 배분을 갖는 말 그대로의 연극을 분리시킬 수 있을까 하고 생각해보았네.

논점을 더 명확히 해보지. 내가 말하려고 하는 것은, 개별 예술은 자기에게 배분된 계열에서의 역할을 수행하기 위해 오거나 예술 장르들 전체에 유효한 하나의 특성을 드러내기 위해 온다는 거야. '대화'의 경우도 분명 이러하지. 예를 들어서, 대화의 음악성(음악성이 무엇이지를 여기서 정의하려 하지는 않겠네)은 예술 장르 전체에서도 유효하지. 그렇다고 해도 연극은 연극이고, 음악은 음악이며, 영화는 영화인 것은 달라지지 않아. 그렇다면 '원'-연극이 아닌, 그저 단순한 연극은 무엇일까?

몇 마디 덧붙여보겠네. 시각적인 것spectaculaire과 연극적인 것을 구분하는 자네의 주장은 내게는 좀 실망스럽더군. 자네의 구분을 기꺼이 받아들인다 해도, '효과'에 대한 모호한 기준은 만족스럽지 못했어. 그런 식이라면 연극의 절제가 연극을 음악, 춤, 미술, 영화 등등과 구분 짓는 기준인가라고 자문하게 되지. 그러니까 이처럼 '효과'를 잘못 위치 지은 것은 연극적인 것, 즉 대화에 대한 분명한 자리매김이 없기 때문은 아닌가 하는 의문이 드는 거야. 어쨌든 자네가 베르사유 궁전에서 공연된 라신Jean Racine의 비극작품을 봤다면 발성법이나 의상, 연기, 음악 등이 아주 이상한 취향으로 보였을 거야. 하지만 라신 자신이나 그에 버금갈 정도로 연극에 높은 식견을 지닌 자네도 더 이상 의심할 수 없을 것이네. 대화가 거기서 연극을 이루는 다른 요소들에 의해 가려지거나 밀려나지 않았다는 사실 말이네. 오늘날 우리가 '시각적인 것'이 넘치는 연출을 볼 때, 그것은 거기에 대화의 자리가 없거나 대화 그 자체로 존중되지 않았을 때, 혹은 연극을 위해 쓰이지 않은 텍스트를 사용해서 대화적인 차원에 도달하지 못할 때인 것이지.

필립 라쿠-라바르트가 장-뤽 낭시에게

쉬는 시간에 합의했듯이 존재-신-학적인 우리의 입장 차이를 검토하는 것은 뒤로 미루도록 하세. 그건 급한 일이 아니고 나중에 다시 이야기할 수 있을 것 같으니 말이야. 그래. 그렇게 하세. 〔…〕

그럼 내가 '원-연극'이라고 명명한 문제로 바로 넘어가보겠네. 이렇게 조합한 단어는 물론 데리다에게서 가져온 것이기 때문에, '연극'이라는 단어가 데리다의 용례와 비슷하게 '분류'된다는 자네 이야기가 크게 거북하지는 않았네. 그래서 이렇게 이야기해보겠네. 결과적으로—우리가 동의하듯—'연극'은 분명 자리 혹은 특정하게 마련된 공간이며 '사원temple'이다. 그곳에서는 간격이 현시되며—그리하여 또다시 결과적으로—보는 것과 듣는 것이 가능해진다(생리학적이거나 형이상학적 과장 없이 말해서, 아폴론과 디오니소스인 거지. 그러니까 간단하게 모든 종류의 예술과 다 관련될 수 있는 것이지). 내가 제의와 종교적 혹은 신화적 관례들에 호소하고 있다면 그것은 단지 **엄밀한 의미에서의**stricto sensu 연극의 '문화적' 기원에 대해 생각하기 때문이 아니네. 또한 브레히트의 그 유명한 "비롯됨-벗어남sortie"("연극이 종교로부터 비롯되었다고 말할 때, 그것은 연극이 종교로부터 벗어났음을 이야기하는 것이다." 그냥 기억나는 대로 인용해보았네)을 생각하기 때문도 아니네. 브레히트의 '비롯됨-벗어남'은 예술의 '자율화'라고 하는 **신성한**sacro-sainte 법칙에 대해 말하기 위한 것이지. 고대 아티카 연극에서는 분명히 제단이 있었네. 동굴이라고 말할 수도 있지. 자네도 알겠지만, 그것이 결국 장-크리스토프 바이가 "모방의 장"이라고 불렀던 것이지. 내가 생각한 것은 이 모든 ('종교적') 관례들은 드러남의 자리, 즉 내가 보기에는, 원초적인 간격을 가정한다는 것이었네. 그것은 간격(혹은 거리 두기. 자네는 또 이렇게 쓰겠지. 거-리 두기di-stanciation라고)을 만들어내도록 예정된 공간, 달리 말하면 거기가 어디인지 찾을 수 없는 곳이네. (바로 여기에서 우리의 어쩔 수 없는 의견 차이가 생겨나지. 간격의 '물리적' 혹은 '실재적' 성격에 대한 이견 말이네. '초월적' 성격에 대한 이견이라고 해두세. 다음으로 넘어가지…)

　이런 이유로, 아니 아마도 바로 그 이유 하나로, 연극은 내가 보기에 일반적으로는 예술과, 특정하게는 각기 다른 예술들과 계열적 관계를 이루네. 하지만 '계열적paradigmatique'이라는 말이 아무래도 정확한 단어는 아닌 것 같군. 여러 가지 다른 종류의 예술들이 연극의 규범에 맞지 않는 것은 당연해. 하지만 내 의도는 연극을 '예술의 본질'로 삼으려는 것이 아니네. 하이데거는, 그리고 그 뒤의 모든 '이상주의적'이고 형이상학적인 전통은 시를 예술의 본질로 삼으려 했지. 하이데거의 태도에서 취할 것이 있기는 해. 그것은 독일어로 Dichtung이라는 단어가 말하다를 뜻하는 라틴어 *dicere*, *dictare* 등과 관계가 있기 때문이야. 그러므로 나는 차라리 이렇게 말하고 싶어. 연극—연극이라는 것, 무대라는 것—이 모든 예술의 전제라고. 혹은 모든 예술은 '무대를 만드는 것'에서 시작된다고 말이네. 받아들이세. 사실 그 무엇도 정말 내 맘에 들지는 않지만 말이네.

그러면 『역설*Paradoxe*』의 말미에 누군가 말했듯이, '연극으로 넘어가세.' 자네가 물어보았지. '원형'이 아닌 연극이 무엇이냐고. 그냥 연극이 아닌가? 연극의 특성은 무엇인가? 다른 예술들과 관계해서 연극만이 가진 것들은 무엇인가? 이렇게 달리 표현해볼 수도 있겠군. 무대라고 하는 이 '드러난 공간*espace exposé*'에서는 무엇이 발생하는가? (고대 연극의 장치를 예로 들어 간략히 말하면 **오케스트라** 말이네. 텍스트만으로 이야기하면 코러스가 되겠군. 비록 오페라나 뮤지컬을 제외하면 거의 다 사라져버렸지만 말이네.) 방금 조금 암시했지만 이 드러남*의 자리에 대해서는 할 말이 많을 것 같군. 이 '드러남'은 예술의 예술-되기 속에 갑자기 나타나는 것이

---

*   exposition은 드러남이면서 동시에 극작품 구성 속에서는 '발단'에 해당한다. 극작품은 갑자기 시작되는 것이 아니라, 그 앞의 상황, 그리고 이후 전개될 내용과 관련해 구축적으로 시작된다.

아니라, 분명히 구축적인 것이야(벤야민조차 그것을 의심했었지). 하지만 그냥 '넘어가세.' 무대 위에서 하나의 이야기, 하나의 신화를 '행위화하면서' 배우들은 대화를 하는 것이지.

첫번째 질문에 답해보겠네. 대화적인, 혹은 모방적인 양식은 연극만의 특성인가? 물론 그렇지. 플라톤이 말하듯, 비극은 서사시도, 디티람보스dithyrambe*도 아니니까 말이네. 그것은 자명한 거지. 하지만 하나의 장르가 된, 혹은 하나의 장르라고 여겨지는 연극은, 대화의 특정한 유형을 강제하는가? 대화는 '격식화된' 언어로 되어 있으며, 그 속에서 타인에게 말을 건네는 것은 '의미의 본질'을 향해 한 걸음 나아가는 것인가?(자네 말을 거의 그대로 인용한 것이네). 어떤 경우에도 철학적 대화는 연극적이지는 않아, 영화적인 대화도 될 수 없지. 하지만 플라톤의 대화를 고대에 연기했었다는 사실, 그리고 키케로Marcus Tullius Cicero도 자기 집에서 플라톤의 대화를 공연했으며, 르네상스 시대에도 그것을 공연했다는 사실은 무엇을 설명해주는 것일까? 오늘날에도 몇 차례 그런 시도가 있었던 것은 논외로 하더라도 말일세. 여러 목소리를 녹음했다가 편집하여 붙이는 방식으로(게다가 이것은 모든 형식의 녹음에 유효하지), 영화가 대화의 기술을 많이 변형시켰다고 해도, 대화의 본질이 영향을 받았을까?

* 디티람보스는 고대 그리스에서 디오니소스를 찬양하던 합창곡이다.

내 생각에는 약간 다른 방식으로 접근해야 할 것 같네. 연극의 언어는, 단지 독서(후기 암브로시우스 학파 혹은 후기 아우구스티누스 학파적 의미에서)를 할 때는 다른 (문학적) 언어보다 더—혹은 덜—격식 있고 고상하지는 않아. 연극적 대화는 오랫동안 시로 이루어졌던 것이 사실이지. 요즘도 가끔은 그렇기도 해. 하지만 시 형식이라는 것이 오랫동안 '자연스러운' 것이었음을 잊어서는 안 되네. 그리고 초기에는, 어쨌든 그리스 시대에는, '문학'이 모두 시로 이루어졌다는 것을 혹은 적어도 운율화되어 있었으며, 엄밀한 형식과 코드를 따르도록 되어 있었다는 것을 잊어서는 안 되네. 여기에는 철학적인 혹은 전–철학적인 '문학'도 포함되지. 파르메니데스Parmenides, 엠페도클레스Empedocles 그리고 헤라클레이토스Heracleitos의 '신탁을 받은 듯 권위 있는' 경구들 말이야. 베르낭Jean-Pierre Vernant이 줄곧 주장했듯이, 연극 형식 이전의 (종교적인, 서사시의, 서정시의) 낭송과 비교하여, 비극이 보여주는 위대한 혁신은 '보통의 언어' 혹은 거의 보통에 가까운 언어의 사용이었다는 점을 잊어서는 안 되네. 코러스가 상대적으로 관습적이고 고어 투인 도리아어로 표현되었다면, 인물들의 대화는 아티카어로 쓰였는데 (반복적인 운율을 사용함으로써) 병치적 효과를 주게 되고, 그럼으로써 시적인 어휘나 표현(완곡어법 혹은 비교법, 이오니아식, 즉 호메로스가 사용하는 고어 투)을 쓰면서도, 그 언어에 모든

117

사람이 접근 가능했지. 반대로 전통적으로 더 '대중적'이라고 여겨지는(하지만 전혀 사실이 아니지) 희극에서 **일부** 구절들은 분명히 산문으로 쓰였지만, 운문으로 작시하는 것이 오랜 규칙이었네. 극 종류의 구분은, 아리스토텔레스 시대부터 잘 알려졌듯이, 고급과 저급, 고상한 것과 저속한 것이라는 윤리적, 사회적 구분으로 다시 나뉘고 주제, 상황, 연기, 연출, 교훈 혹은 도덕적 가르침 등에 영향을 미치지. 극 종류의 구분은 또한 언어의 **구사 방식**_praxis_과 캐릭터_èthos_에 지대한 영향을 미치네. 하지만 이러한 구분이 언어에 본질적으로 영향을 주지는 않아. 극 속에서 왕자는 하인처럼 말하지 않지만 비극에도 하인들(전령, 수행원…)이 나오고, 희극에서도 필요하다면 왕자가 나오지. 하지만 대부분의 경우 그들이 말하는 언어가 비극과 희극을 구분해주는 것은 아니야.

라신의 배우들의 연기에 대해서 자네가 언급할 때, 혹은 루이 14세의 궁정에서의 공연 스타일에 대해서 우리가 가지고 있는 다소 부정확한 생각들(자네는 나더러 '교양 있는' 관객이라고 했지만, 나는 그냥 얼빠진 관객으로 남아 있어야 할 것 같군)에 대해 언급할 때, 내가 이해한 바는 이런 것이었네. 그러니까 자네가 말하는 "격식 있는 고상한 언어"란 사라 베르나르Sarah Bernhardt 시기까지 통용되던 음악적으로 강조된, 매우 과장되고 화려한 발성법(프랑스식 오페라에서 레치타티보*의 표시를 이와 같은 발성법으로 해결한 것은 아닐까?)을 말하는 것이겠구나라고 말일세. 물론이지. 그렇고말고. 하지만.

1) 이러한 과장된 표현은 발성에만 국한된 것이 아니었네. 자세나 몸짓, 움직임도 그랬지. 영화의 영향(클로즈업, 차별화된 프레임, 장면 편집 등등)이 점점 더 크게 느껴지는 오늘날에도 역시, 연극에서는 모든 것이 과장되고 양식화되어 있지. 아마도 그것은 관객석과의 먼 거리, 그리고 시선을 받는 틀이 영상처럼 움직이는 것이 아니라 고정되어 있다는 사실 때문이겠지. 조명으로 바꿀 수 있는 것은 크지 않지. 그러므로 소리 높여 말해야 하고, 몸짓을 크게 해야 하네. 다시 한번 말하지만, 나는 지금 고대 극장의 그 어마어마한 '관객 수용량'에 대해서만 말하는 것이 아니네. 아테네 디오니소스 대극장은 최소 1만 5천 명의 관객이 들어갔다고 하지. 현대 극장에서 무대 정면 배치를 '해체하고' 폭을 줄이고(혹은 넓히거나 '한정하지 않거나'), 기술적인 차원에서 전기 조명을 회전시키고, 음향을 증폭시켜도 다 소용이 없지. 심지어 '극장 밖으로 나가서,' 아무 곳에서나(버려진 공장들, 옛 군사시설, 폐허 잔해 등) 공연한다고 해도 여전히 다 소용이 없어. '관객은 가까운 거리에 있지 않다'는 사실을 항상 마주해야 하지. 연극의

*   오페라에서 멜로디의 변화가 많지 않고 '말하듯이' 노래하는 부분.

텍스트는 항상 '크게 말해야' 하네.

2) 이처럼 과장과 '과잉-연기'의 오래된 전통 뒤에, 고대의 여러 학파들로부터 물려받은, 그러나 오늘날까지 여전히 살아서 활용되는(적어도 아르토나 앙드레 말로André Malraux 까지는) 웅변술의 전통이 있음을 우리는 기억해야 하지. 하지만 여기서도 영화와 텔레비전이 이러한 전통을 단절시켰지. 라디오에서는 아직 그러하지 않았지만, 과장된 발성법은 사라졌네. 적어도 내가 보기에는 그래. 하지만 아마 이렇게 된 것이 그리 나쁜 것이 아닐 수도 있네. 왜냐하면 이런 웅변적인 발성법이 사라짐으로써, 만일 정말로 그런 일이 일어났다면, 연극에서의 대화가 지닌 특별한 효율성이—그리고 또한 특별한 정확성이—비로소 드러나기 때문이지. 고대 연극은 '오래됨' 때문에 '더 이상 쓰이지 않는 구식obsolète'이라고 반-똑똑이들이 우리로 하여금 믿게 만들었지만 고대 연극의 대화 또한 효율성과 정확성을 지니고 있었어. 오텔 드 부르고뉴 극장이나 베르사유 궁정의 극장에서, 사람들은 그 시대 궁정이나 살롱에서와 똑같은 방식으로 말했다네. 억양도 마찬가지야. 그뤼버가 연출한 〈베레니스Bérénice〉, 셰로Patrice Chéreau가 연출한 〈페드르Phèdre〉에서의 발성법은 우리가 학교에서 소극적으로 생각하면서 배운 알렉상드랭Alexandrin 12음절 시구의 단조롭고 우울한 과장된 발성법이 아니었네. 거기에는 일찍이 들어본 바 없는 격렬함이 있었지만 완벽하게

120

말과 감정을 이해할 수 있었다고 털어놓아야겠군. 주고받는 말들은 명확하고도 단호했으며, 예리하고, 때로 노골적이기까지 했지. 스릴러 장르의 작가가 무색해질 정도였어. 만일 여기에 무언가 '격식 있는 고상한' 것이 있다면, 그것은 언어가 가진 힘과 그것을 **효과적으로** 살아 있게 만드는 **감정**pathos이겠지. 분노 혹은 증오, 악의, 미친 사랑 혹은 부드러운 사랑, 계산된 냉담 혹은 아무 생각 없는 격정, 관대함, 저속함 혹은 비겁함, 고통 혹은 우수, 무관심 혹은 권태 등등. 있는 그대로. 더도 덜도 말고.

그런데 여기서 자네가 연극 언어에 대해서—그러니까 대화에 대해서—한 주장, 즉 말을 건넴이라는 두번째 질문으로 넘어가고 있군.

"아직은 정리가 안 된" "인상"이나 "직관"이라고 말하는 것을 보니 "타인에게 **말을 건네는 것**은 의미의 본질을 향해 나아갈 수 있는지(없는지)"를 자네는 자문하고 있는 것 같군. 거기에 대해서 내가 바로 즉각적으로 답할 수는 없네. 하지만 누구에게 말하는가가 정해지지 않고는 의미가 있을 수는 없지. 대화가 언어 일반의 조건 자체 혹은 언어의 기원이라고도 할 수 있어. 이렇게 말하고 보니, 우리가 다시 한번 존재론적인 논쟁으로 빠져들어 가야 할지도 모르겠군. 하지만 그것을 어떻게 피할 수 있겠나?

어쨌든 간단하게 이야기해보겠네. 난 여기서 단 두 개의 대립된 주장을 제기하겠네. 내가 보기에는 이런 것 같군.

1) 언어가 **현시** 그 자체이다. 다시 말해서 세계의 열림, 존재자의 현전의 열림이다. 의미는 결과적인 것이지. 언어가 기원인 것이네.

　2) 언어는 본질적으로—근원적으로—대화 형식을 갖는다. 자네식으로 말하면 로고스, 디아로고스*logos, dialogos*라고 할 수 있지(노발리스*Novalis*는 언어가 "독백*monologue*"이라고 영웅적으로 말했지만 그렇지 않아). 말을 건네는 것은 언어의 조건이야. 하지만 그렇다고 해서, 아마도 노발리스가 받아들이지 않았듯이, 그리고 그 이후에 하이데거도 분명 그랬듯이 언어가 단지 '의사소통의 수단'일 뿐임을 의미하는 것은 절대 아니네.

사실, 서로 연관되어 있는 이 두 개의 (대립된) 주장은 내가 위험을 무릅쓰고 명명한 '원-연극'을 잘 설명해주고 있어. 하지만 서둘러서 설명한 것이니 좀더 보충해서 말해야 할 것 같군. 최근에 읽었던 혹은 다시 읽었던 두 편의 '글'에 의거해서 간략하게 설명해보겠네.

　방금 언급했던 "독백"이라는 제목의 텍스트 속에서 노발리스가 말한 구절이네. 가능한 원문에 가깝게 번역해보지.

"언어〔독일어 Sprache: 랑그 또는 파롤〕의 고유성을 만드는 것은 언어란 자기 자신 이외에는 관심을 두지 않는다는 사실이다. 누구도 그것을 알지 못한다." 바로 여기에 현기증이 날 정도로 눈부신 진실이 있지. 그렇지만 하이데거가 노발리스의 이 구절을 굳이 다시 해설하려 한 것은 '발성'과 관련된 능력과 기능을 고려한 것은 아니었네. 그것은 언어의 '도구적' 개념 혹은 현대 언어학자들이 말하는 '주관적' (표현…) 혹은 '의사소통적인' 개념에 특별히―반드시 그런 것은 아니지만―기초하고 있는 서구 언어학을 해체하기 위해서였다네. 바로 이 때문에 하이데거는 아리스토텔레스로부터 받아들여서, 그가 발전시켰던 로고스 아포판티코스*logos apophantikos*라는 개념을 다시 취하는 것이네. 그것은 나타내고 제시하는 것으로서의 언어, 나타난 것을 있는 그대로 '드러내주는' 언어이지. 또한 하이데거는 이번에는 독일어로 기호das Zeichen라는 단어와 보여주기das Zeigen*라는 단어를 연결 짓지. 보여주는 것이란 어떤 방식으로 나타나는가 하는 것, 나타남의 가능성과 같다는 거야(시를 나타내는 단어 Dichtung의 밑에 쓰다dictare, 말하다 혹은 지시하다dicere를 계열적으로 배치하면서 하이데거는 말하다에 이미 우리가 고등학교 고대 그리스어 시간에 배운 데이크누미*deiknumi*, 즉 보여주다라는

---

*   Zeigen은 spectacle이며, 이는 다시 한번 최초의 문제, 즉 ipsis의 문제를 제기한다.

123

뜻을 갖는 '지시적déictique' 특성이 있음을 말하고자 했던 것이지). 하지만 중요한 것은, 아니 적어도 내가 말하고자 하는 것은, 하이데거가 비교적 자기 경력의 후기(1959년 출간된『언어로의 도상Unterwegs zur Sprache』)에 언어란 보여주는 것이라는 기본 바탕을 유지하면서도(결국 언어만이 나타남의 가능성이라는 데 동의한다면, 어떻게 그가 틀렸다고 하겠는가?), 독백의 개념(파롤만이 말을 한다: allein die Sprache spricht. 랑그는, 파롤은, 고독하게 말한다) 쪽으로 넘어간 것은 독백이 '유아론적'이며 '자폐적'이라는 해석을 거부하기 위해서였다는 점이야. 그는 아주 명확하게 이야기하지. "혼자allein가 아닌 것은 고독할einsam* 수 없다"고 말이네. 그런데 우리는 하이데거가 *sem이라는 어간을 사용하면서 주눅 든 것처럼 조심스럽게나마 로고스, 말씀 모음집으로서의 성경, 동일자의 의미를 집어넣는 놀이를 하고 있음을 알 수 있네. 예를 들면 그리스어 *hama*, 라틴어 *simul*, 독일어 sammeln, 프랑스어 assembler 혹은 rassembler** 같은 단어들이 있지. 라틴어 *singuli*(우리가 지금 '단수singulier'라고 하는

---

*   einsam은 하나를 뜻하는 ein과 같음을 뜻하는 sam의 결합으로, 결국 동일자라는 뜻을 품고 있다.

**   hama, simul은 '함께'를 의미하며 sammeln, assembler, rassembler는 '모으다'라는 의미를 지닌다.

것), *similis*(비슷한), *simplex*,* *sincerus*** 등도 있어. 하이데거에게 고독Einsamkeit이란—그는 단연코 치유할 수 없게 고독했네—바로 공동체Gemeinsamkeit인 것이지! 하이데거는 절대로 무얼 하는 체하지 않고, 닮은 것처럼 굴지도 않으며, 무엇을 가장하거나 흉내 내지 않지. 즉 **모방**mimèsis하지 않는 것이지. 하지만 **동일한** 이유로, 그에게는 유일성도 순수성도 없지. 그리하여 여기서 하이데거에 대한 나의 지지도 멈추는 것이네. 자네도 잘 알고 있듯이 말이야. 내가 더 이상 그를 지지하지 않게 된 것은 "휠덜린과 시의 본질"에 대한 강의록을 읽고 나서이기도 해. 그 무렵 하이데거는 휠덜린의 「평화의 축제 **Friedensfeier**」라는 찬가에 주석을 달았는데, 바로 그 시에서 휠덜린은 인간의 본질을 "우리가 하나의 대화가 된 이후Seit ein Gespräch wir sind"라고 분명하게 정의했지. 하지만 하이데거에게는 독백적인 형식 속에서조차 그리고 의미의 열림(혹은 개화) 혹은 건넴으로의 열림 속에 있는, 휠덜린의 대화적인 선행성을 사유하게 하는 것이 전혀 없었지. 하이데거에게는 아주 편협하고, 고집스럽게 지엽적인 존재-정치론만이 있었어. 바로 이것이 결국 모방적 말*lexis mimétiké*의 본원성을 사유하게 하는 거라네. **중요한 것은 바로 이것이지.***

---

*   단순한, 혼합되지 않은.

**   줄곧 깨끗하고 순수한.

***   원문에서 라쿠-라바르트는 agir를 동사로 사용하는데 이는 agir와

영향을 받은 또 다른 글은 장-크리스토프 바이의『모방의 장*Le Champ mimétique*』이었네. 자네도 기억할 걸세. 그리스 상고시대 후기에 서구에서 형상화의 출현, 다시 말해서 모방의 장의 발명—장-크리스토프가 보기에 이 모방의 장에서 무대는 연극에만 특화된 것이 아니라 계열적인 것이었네— 이 기하학적 예술에 이어, (재)현시의 출현을 가능하게 했지. 장-크리스토프 바이는 르루아-구랑**André Leroi-Gourhan**의 저술 중 한 구절을 특히 강조했는데, 그 구절에 따르면 동굴벽화의 형상화의 불완전성(?)이란 통사를 이루지 못하고 아직 연결되지 않은 언어의 상태와 같다는 거였네. 이 언어는 본래부터 병렬 구조이거나 매우 오래된 신학적, 형이상학적 꿈과 같은 것이며—하지만 벤야민이나 하이데거의 가장 과감한 사유 속에서만 지속되는 언어이지—처음부터 사물의 명명과만 관계있는 언어 같은 것이지. 르루아-구랑에 따르면, 동굴벽화의 장은 그 자체로 균일성 없고, 잘 다듬어지지도(구축되지도) 않았지. 동굴벽화의 장은 흐릿하고, 불규칙적이며, '불분명'하네. 그렇기 때문에 비율에 대한 배려를 전혀 하지 않으며, '장면들을 읽어낼 수 있도록' 조직하지도 않고, 전

action이라는 단어를 연결 지음으로써, '중요한 것은'이라는 표현이 '행위를 가능하게 하는 것'이라는 뉘앙스를 갖게 하기 위해서다. 다시 말해 라쿠-라바르트는 연극이 행위의 모방이라면 그때 행위란 본원적인, 근원적인 말과 관련되는 것임을 다시 한번 말하고자 한 것이다.

126

체와 부분들의 관계에 대한 고려도 없이 형상들을 흩뿌려놓았지. 자네가 말하듯 기호들을 배-분dis-tribution하지 않고 단지 병렬시켜놓은 것이지. 그런데 언어가 병렬적인 것일 수도 있겠다는 생각은 어디서 온 것일까? 그런 특성을 지닌 언어를 발견한 적이 있었나? 그와는 반대로, 요즘에는 '태고의 natif' 소리는 독립된 개개의 기표들의 산물이 아니라 운율이라고 말하는 자료들이 대부분이네. 언어가 지닌 멜로디와 리듬(그리스어로는 *configuration*)이라는 것이지. 결국 언어의 **음악성**이야. 말을 하면 바로 운율이 생겨나지. 그러므로 운율과 대화는 불가분의 관계이며, 결국 이 둘은 하나이지. 이것이 자네가 말하는 "격식 있는 고상한 언어"라면 내가 자네 말에 근본적으로는 반대하지 않는다는 것을 알 수 있을 것이네. 그 지속과 긴장이 낭송의 결과임을 고려한다는 조건에서 말이야. 여기서 '낭송'에 대해서 말하는 것은, 물론 독일어 낭송 혹은 시를 의미하는 Dichtung에 대해서 말하기 위해서네. 하지만 안심하게나. 그렇다고 해서 아주 말기의 하이데거가 그랬듯이, *aidè théa*, 즉 "노래하라, 여신이여"라고 외치려는 것은 아니니까 말이네. 음악은 뮤즈 없이도 만들어질 수 있지. 하지만 반대로, 음악은 항상 뮤즈를 향해 건네지고 뮤즈에게 들어주기를 요구하지만, 뮤즈는 항상 간격을 두고 물러나지. 뮤즈를 힐끗 바라보기만 하느니 차라리 불경하게 구는 바그너가 더 나은 것 같군.

자네의 질문들과 반박에 내가 제대로 답을 한 건가? 물론 그러지 못했겠지. 모든 것에 다 답을 하지는 못했을 거야. 그렇지만 시각적인 것과 '효과'에 대해서 한마디 덧붙여야겠네. 그 점에 대해서 나는 그래도 우리가 본질적인 것에서는 동의했다고 생각하네. 즉 오늘날 불행하게도 점점 더 그렇게 되어가고 있지만, 연극이 '무대미술'의 예술은 아니라는 점 말이네. 또한 할리우드 영화 속의 혹은 디지털 이미지의 '특수효과'가 기술적으로 '성공적'일지라도, 연극과는 관련이 없다는 점에도 동의하고 있지. 예술의 복수성 문제에 대해서도 —혹은 이번에는 자네가 말했듯이, **복수의 뮤즈들**에 대해서—다시 다뤄야겠군. 마지막으로 아직 분명히 해결되지 않은 채로 남아 있는 형상 문제에 대해서도 언젠가 꼭 다시 다루어야겠어. 하지만 지금은 여기서 멈추는 것이 더 현명할 것 같네.

장-뤽 낭시가 필립 라쿠-라바르트에게

이제 여기서 마무리를 해야겠군. 이 학술대회의 무대를 더 오래 차지하고 있기가 힘들 것 같으니 말이네. 그래서 자네의 질문에 대한 답을 오늘 하지는 못하겠어. 다음 기회에 또 다른 대화의 자리를 마련하기를 기대하면서, 지금은 우리 이견의 중심점이, 혹은 중심점을 지시하는 좌표가 옮겨진 것 같다고 지적하는 것으로 만족해야겠네.

예전에 우리는 실제의 무대, 그리고 그 무대에서 펼쳐지는 스펙타클(아리스토텔레스가 말한 **옵시스**)과 형상들의 중요성에 관해 대립되는 입장이었지. 반면에 오늘은 오히려— 혹은 내가 보기에는 적어도 훨씬 감각적인 방식으로—자네의 '원-연극'과, 이렇게 말할 수 있을지 모르겠지만, 나의 '예술 장르들 간의 차이' 사이에서 차이점이 정리되고 있는 것 같네. 내가 보기에는, 결국, 자네는 '원-연극'이라는 개념으로 예술의 '본질'을 포섭하려고 하고, 반대로 나는 예술 장르 간의 차이라는 질문(그러므로 한 '영역'에 내부적인 질문이지. 그런데 그것이 어떤 영역일까? 그리고 어떤 단위로부터 비롯되는 것일까?)을 통해 오히려 개별 예술 장르가 지닌 특성을 설명하려는 것이지. 그리고 그 일환으로 시, 음악, 영화 등과

129

는 다른, 연극만의 특성을 설명하고자 하는 것이네.

그러므로 결국 문제가 되는 것은 초월적인 차원과 경험적인 내용들(하지만 경험적인 것 자체의 초월적인 성격 또한 내 입장에서는 감안했네) 사이의 차이 혹은 이견인 것 같네. '원-연극'이라는 개념 속에 모든 무대적 효과, 혹은 무대미술 효과는 제거되는 것처럼 보이는군. 대화 형식으로 된 언어의 효과만 빼고 말이네. 그런데 대화 형식의 언어의 본질을 운율성으로 파악하기 때문에, 이번에는 운율성이 '원-대화archi-dialogue' 혹은 태고의 최초의 대화Gespräch의 본질을 이루게 되는 것 같군(횔덜린식으로 말하면, '우리가 존재하는 것wir sind'은 대화 때문인 것이 되지).* 하지만 바로 그렇기 때문에 나는 이런 질문을 던지고 싶군. 독일어로 대화Gespräch란 이미 결정된 것으로서의 '말하다sprechen'의 이편 혹은 저편에 결정되지 않은 채 남아 있는 것이 아닐까?(독일어에서 집합적인 단어는 이런 질문을 가능하게 만들지. 복수형의 '산들,' 혹은 산맥을 의미하는 das Gebirge는 산이지만 어떤 산Berg도 아니라고 할 수 있지). 대-화dia-logue로서 '대화dialogue'는 자기 자신과 다른 것일 수 있지. 그럼으로써 목소리 속에서, 그

---

* 횔덜린은 "Wir sind nichts, was wir suchen ist alles," 즉 "우리는 아무것도 아니다. 우리가 찾는 것이 모든 것이다"라고 말했다. 이 구절을 활용하여 낭시는 라쿠-라바르트의 입장이 횔덜린이 말한 대로 대화가 존재의 본질이 된다는 점을 지적하고 있다.

리고 그 목소리를 울리게 만드는 인물 속에서 대화는 자신을 분할할 수 있는 것이지.

자네가 형식적 모델로 환기한 데리다의 원-문자 개념도 똑같은 방식으로 큰 반감을 일으켰네. 예를 들면, '목소리'라는 주제를 매우 빈번하게 '문자'와 이질적인 것이라고 가정했었지. 현실에서는 전혀 그렇지 않은데 말이네(어쨌든, 우리가 지금 말하고 있는 것도 역시 그것과 같은 것일 수 있겠군). 나는 일반적으로 '원-'이라는 형식이 지닌 위험이 바로 여기에 있다고 생각하네. 그렇다고 해서 이러한 위험을 무릅써서는 안 된다고 말하려는 것은 아니야.

이제 하나만 말하고 정말로 마무리를 지어야겠군. 내 생각에 원-연극—그것이 정말 있다면—아니면 그냥 '연극'은 연극과 시의 차이, 문학 장르들 간의 차이, 언어 예술들과 비-언어 예술들 간의 차이, 그리고 무대적 공간*templum*과 도상적 공간의 차이를 받아들여야만 하네. 그리고 이러한 차이 자체 혹은 차이들의 차이가 '원형'으로서 혹은 초월적인 것으로서 기능해야만 하지. 역설적이게도, 이 표현은 자네 주장의 또 다른 형식처럼 이해될 수도 있겠군.

이 점 말고도, '밖'과 관련된 질문을 하지 못하고 남겨 두는군. 언어가 아닌 것에 대한 질문, 즉 공간과 공간화된 몸들에 대한 질문 말이네. 공간화된 몸들 사이에서만, 대화가 가능하지.

옮긴이의 글

입과 목소리의 무대

『무대』란 기본적으로 극장 혹은 연극을—서구 언어에서는 공간과 행위를 지시하는 이 두 단어가 구분되지 않는다—가정하는 개념이다. 장-뤽 낭시와 필립 라쿠-라바르트 두 철학자는 무대라는 연극 개념에 대해 논쟁한다.『문학적 절대』나 『문자라는 증서』『나치 신화』처럼 두 철학자는 적지 않은 공동 작업을 수행했지만『무대』는 그중에서도 논쟁을 통해 이들 간의 차이를 드러내는 예외적인 저작이다. 이들은 논쟁의 주제에 적합한 형식으로 편지 형식을 선택했다. 편지는 글이지만 대화 상대자가 명시되어 직접적인 호명이 가능하고, 따라서 두 화자 사이에 우회되지 않는 직접적인 대화로 구성되기 때문이다. '대화'란 철학에 낯설지 않은 형식이고 연극에는 본질적인 형식이다. 무대에 대한 다섯 편의 편지 이후 12년이 지나고 "대화에 대한 대화"라는 공동의 작업을 학술발표장에서 소개하면서 이들은 앞선 논쟁을 이어가기 위해서 다시 한번 대화 형식을 선택한다. 통상적인 학술발표장에서처럼 발표자가 발신자가 되고 청중이 수신자가 되는 관계가 아니라 두 철학자가 서로에게 발신자, 수신자가 되어 청중 앞에서 한 편의 연극을 공연하듯 논쟁하는 방식을 취했다. 그러므로 '무대'에 대한 이들의 논쟁적 '대화'는 연극의 형식으로 연극을 사유하는 방식이다. 장-뤽 낭시와 필립 라쿠-라바르트는 자신들이 사유하고자 하는 개념의 공간성, 즉 토론의 장으로서의 무대 위에서 행위자, 즉 무대 위에서 갈등하는 배우이기를 선택한 것이다.

무대 위에 볼거리들이 넘쳐나거나 혹은 볼것이 하나도 없는 오늘날 두 철학자는 왜 연극에 대해 이야기하기를 원하는가? 두 철학자의 개인적 취향의 결과이기도 하지만, 이 선택은 낭시가 말하듯이 "무대에 관한 문제가 오늘날 철학적 작업 속에서 여러 주제들의 매듭 혹은 교차점을 구성하고 있기 때문"이다. 실제로 두 철학자뿐만 아니라 리쾨르Paul Ricoeur, 바디우Alain Badiou, 데리다, 들뢰즈, 랑시에르Jacques Rancière 등이 각자 다른 관심 속에서 이 교차점을 통과했다. 낭시는 자신에게 "연극이 왜 쟁점이 되는가는 연극이 현전을 현시하는 특권적인 방식이기 때문"이라고 구체적 이유를 제시한다. '현전을 현시하는 특권적인 방식'은 배역과 배우, 텍스트와 공연, 말과 몸처럼 이중성을 지닌 연극의 특성과 관련된다. 이데아와 현상, 현전과 재현, 진리와 현시, 존재와 현존재 등의 철학적 개념쌍들은 연극의 이중성과 함께 사유될 수 있다. 그리고 이 모든 개념들은 결국 재현, 미메시스의 문제와 닿아 있다. 두 사람은 이미 1983년 아비뇽 연극제에서 연극에 관한 철학자들의 글들을 배우들과 함께 읽으며 토론하는 프로그램을 조직한 바 있는데, 이때도 중심 주제는 재현의 문제였다.

무대 위에 현재형으로 존재하는 것을 강조하는 포스트드라마의 시대에 이 두 철학자가 펼쳐가는 재현, 현전, 현시에 대한 사유는 과연 무엇을 향한 것일까? 연극에 대해 사유하기 위해 두 철학자는 가장 고전적인 방식을 취한다. 그것은 아리스토텔레스의 『시학』으로부터 논의를 시작하는 것이다. 낭시는 아리스토텔레스가 말한 비극의 6요소 중의 하나인 옵시스를 주제로 제시한다. 옵시스는 일반적으로 장경, 스펙타클이라 번역되는데, 낭시는 이를 기 드보르Guy Debord가 비판한 의미에서의 스펙타클이 아닌 미장센이라 번역했다. 하지만 그는 미장센이라는 단어를 문자 그대로의 뜻, 즉 '무대에 놓기'라는 의미로 사용한다. 이를 우리는 무대화라 번역했다. 낭시에게 옵시스는 의미의 무대로의 도래에 해당하는 것이었다. 그러나 라쿠-라바르트에게 옵시스는 시각적인 요소 이상의 것이 아니었다. 결국 이들의 논쟁의 중심에는 진리의 형상화에 관한 문제가 자리한다. 낭시는 최소한의 형상의 필요성을 인정하지만, 라쿠-라바르트는 이를 인정하지 않는다. 따라서 낭시에게 연극에서의 스펙타클은 최소한으로 용인되는 것이지만, 라쿠-라바르트에게는 결단코 불필요한 것이다.

그에게 형상은 과잉이다. 그러므로 라쿠-라바르트에게 연극은 독서만으로도 카타르시스를 주는 것이다. 라쿠-라바르트의 생각이 지나친 플라톤주의이며 연극을 문학에 한정시키는 태도라고 생각할 수도 있으나, 연극과 맺어온 라쿠-라바르트의 삶을 생각한다면 그의 생각을 단번에 문학주의라고 결론 짓고 연극 밖으로 밀어낼 수는 없다. 롤랑 바르트가 항상 연극을 사랑한다고 말하면서도 연극과 결별했던 것과 반대로, 라쿠-라바르트는 연극을 사랑하지 않는다고 말하지만 끝내 연극과 함께했다. 두 사람의 논쟁 속에서 중요한 것은 낭시의 지적처럼 단지 "형상과 비-형상을, 무대와 비-무대를 대립시키는 것이 아니라 이 개념들 각각을 세심히 구분하고 그 복잡성을 인지하는 것"이다.

낭시에게 무대는 단지 극장의 물리적 공간에 한정되는 개념이 아니다. 무대는 비슷한 시기에 집필한 『코르푸스』에서 자세히 설명한 바 있는 '몸'과 동의어이다. 이 몸 또한 물질적인 육체를 지시하는 것이 아니다. 낭시에게 몸은 라캉의 '그것ça'과 같다. "몸이란 존재의 형상적 확장을 지시하기 위해서는 가장 부적절한 것이지만, 그것 없이는 존재가 실존하지 못한다." 몸에 대한 이런 생각은 옵시스가 "시학 속에 자리를 전혀 차지할 수 없는 요소"이면서 비극을 이루는 다른 "모든 요소를 포괄"하기에 이것 없이는 비극이 성립할 수 없는 것이라는 낭시의 『시학』해석과 의미적인 궤도를 함께하는 표현이다. 하이데거식으로 설명한다면 알레테이아의 드러남을 공간적으로 표지하는 것이 몸이고 무대이며 이것이 바로 옵시스인 것이다.

　　반면에 라쿠-라바르트는 무대화라는 용어보다 행위화라는 개념을 선호한다. 굳이 무대라는 단어를 사용해야 한다면, 라쿠-라바르트는 보이지 않는 곳으로 한발 물러선 무대를 가정한다. 라쿠-라바르트의 이러한 생각은 존재유형학이라 그 자신이 명명하는 것에 대한 깊은 불신에서 비롯된다. 이미 1987년 그의 저작 전체를 아울러 국가박사논문심사를 받을 때 『존재유형학으로서의 철학』을 논문 제목으로 삼았듯이, 존재유형학에 대한 비판은 라쿠-라바르트 철학의 중심을 이룬다. 특히 그는 하이데거에게서 노동자 혹은 시민 등 하나의 유형을 제시하고 이를 현실적으로 구현하기 위해 이데올로기를 주창하는 것을 보았으며, 이를 조형적 허구를 만드는 것이라 비판했다. 형상이란 그 어떤 것이든—성상이든 배우이든 간에—조형적 허구이며, 화석화된 신화이다. 그렇기에 모든 형상은 우상숭배를 강요하는 것이다. 그리하여 그가 비판하는 존재유형학은 존재신화학이기도 하다. 결국 라쿠-라바르트는 눈앞에 있는 '재현' 속에 비가시적인 것을 담으려는 시도를 거부한다. 재현을 거부하기에 그는 미메시스를 재현이 아닌 뜻으로 다시 정의하기를 원한다. 그는 미메시스를 라틴어 *imitatio*가 아닌 슐레겔의 번역어인 독일어 Darstellung, 즉 현시로 이해한다. 그는 재-현re-présentation을 이루는 re를 '다시 두번째로' '복제품을 만드는'이 아니라, '현재형으로 만든다'는 뜻으로 이해한다. 미메시스는 재현이 아니라 현시다. 그러므로 진리는 모방된 형상으로 드러나는 것이 아니다. 그에게 미메시스는 드러남 그 자체이며 무대는 형상으로 재현하는 공간이 아니라 드러남의 자리다. 그런데 이 드러남의 자리는 무엇을 현재화하는가? 그것은 "거기가 어디인지 찾을 수 없는 곳"인 원초적인 간격으로서의 공간이다. 이는 원-무대이며 원-연극이다. 연극은 원-연극을 드러내는 것이다. 그가 이론을 의미하는 théorie와 연극을 의미하는 théâtre를 접두어의 중복에 의해 중첩시키고자 한 것에서 알 수 있듯이 원-연극은 스펙타클, 재현의 저편에 있는 순수하게 이론적인 연극이다. 그것은 말라르메가 말했던 "정신의 연극," 즉 절대의 책에 가까운 것이다. 하지만 절대의 책이 하나의 책이 아니듯이 원-연극을 문학주의로 환원할 수는 없다.

원-무대를 공간화하는 방식, 원-연극을 무대화하는 방식은 물러섬이다. 물러섬re-trait이라는 단어는 라쿠-라바르트에게는 윤곽trait을 re-현재화하는 것, 그리하여 형상 없는 형상을 그리는 것이다. 라쿠-라바르트는 이와 같은 방식을 현시의 현시라 부르며, 그의 또 다른 저작 『진실다움*Vrai*

138

Semblance』에서는 본래적 미메시스라 부른다. 물러섬은 절제와 뺄셈의 방식으로 구현된다. 형상을 제거하면 목소리만이 남는다. 태초에 말씀이 있듯이 무대라는 드러남-현시의 자리에 목소리만이 들린다. 라쿠-라바르트에게 기원은 언어이다. 그 언어는 형상, 즉 무대 위 인물들의 개별화된 목소리보다는 코러스의 혼합된 목소리, 태초의 혼돈 속에서 들려오는 운율인 음악과도 같은 목소리다.

그러나 낭시는 라쿠-라바르트의 방식을 "현시되지 않는 현시"라 부른다. 낭시가 보기에 라쿠-라바르트의 입장은 예술의 본질을 가리키는 것일 뿐, 현재형으로 존재하는 것, 연극이라는 구체적인 장르, 그리고 하나의 연극작품을 설명하지 못한다. 라쿠-라바르트가 텍스트를 발화하는 목소리를 강조할 때, 낭시는 그것을 발화하는 몸의 일부인 입에 주목한다. 입은 발화되는 텍스트를 형상화한다. 이때 입은 하나의 기표이다. 입이라는 형상성 자체가 중요한 것이 아니라, 의미와 닿는 감각적 접촉의 자리가 중요하다. 신Dieu이라는 단어와 자리lieu라는 단어의 발음상의 유사성을 환기하면서 그는 진리가 자리 속에서 발생한다avoir lieu고 주장하는 것이다. 기표는 자리를 옮기며 차연된다. 차연된 자리들의 위상학적 연결선은 데리다의 울타리와 같이 기표 사이의 '간격'들로 이루어진다. 결국 낭시에게 연극이란 접촉하고 사라지고 다시 접촉하고 사라지며 간격을 만들어내는 끝없는 반복 속에서만 발생하는 것이다. 들뢰즈의 방식으로 말하면, 입이라는 기관을 형성하지만, 이내 입을 잘라내고 기관 없는 몸을 향한다. 낭시 자신은 "꼬리도 머리도 없는 몸"이라 표현한다. 한 번의 주사위 던지기로 우연을 없앨 수 없기에 이 끝없는 반복 속에서 낭시 또한 라쿠-라바르트처럼 말라르메를 만난다. 낭시 스스로 한 인터뷰에서 말했듯이 "접촉은 거리를 줄일 수는 있지만, 거리를 완전히 없앨 수는 없"는 것이다.

라쿠-라바르트가 어디에 있는지 모를 원-연극을 향해 금욕적인 엄격함으로 모든 형상을 잘라내며 스스로 원-연극과의 간격을 줄이려 하는 의지적 행위를 연극이라 정의한다면, 낭시는 매번 잠시 진리와 접촉했던 몸을 다시 잘라내면서 진리가 머물렀던 흔적을 그려나가는 것을 연극이라 부른다.

연극에 대한 길지 않은 글을 번역하겠다고 출판사에 제안해 놓고, 연극에 대해 글을 쓰는 작업과 무대 위에서 연극을 만드는 작업에 쫓겨 오랫동안 일을 미루어왔다. 긴 시간을 기다려주고, 꼼꼼히 글을 다듬어준 편집부에 고마움을 전한다. 무대 위에서 배우가 관객에게 깊숙이 머리 숙여 인사하듯이 그렇게 감사의 인사를 하고 싶다. 물론 그 인사는 무대라는 이름의 책을 바라볼 독자들을 향하는 것이기도 하다. 그들 없이는 무대가 존재하지 않기에.